JN132385

2040年からの提言

What you can imagine, you can achieve

SDGsネイティブの作る未来

筒井 隆司 Ryuji Tsutsui

大学教育出版

まえがき

今年生まれる子どもたちが、選挙権を手にする時、日本の社会を誇りに思えることを願います。しかし、私たちが今、判断を間違えば、環境や社会の危機に対し、何も行動を起こさなかった無責任世代として、非難の目を向けられることになるでしょう。それは私たちがこの10年でどう行動し、持続可能な社会に変えていけるか、その結果次第です。

ＳＤＧｓは私たち人間が共有したいと望む社会に向けた道標です。ビジネス界の一過性の流行や、開発途上国への支援キャンペーンと片付けるのは早計です。また英語や専門用語が多くて分かりにくいのは事実ですし、人材や資金が限られている中堅・中小企業で取り組むのは容易ではないように思う方も多いでしょう。そのような懸念や疑問を抱いている方にこそ、本書を読んで頂きたいと思います。

それは、世界が持続可能（サステナブル）な社会に向けて大きく変わる中で、私たちは新しい価値観を取り入れ、大きなチャンスと、安心感を見いだすことができるようになるからです。人類は今までも輝かしい進歩を遂げてきました。これからはそれを土台として、無益な争いを避け、平和で豊かな暮らしを手にすることが必ず可能になるからです。

世界を震撼させたプーチン大統領によるウクライナへの軍事侵攻は、まさにSDGsの対極にある行動です。私たちがSDGsを推進しても、国家の暴力装置が発動されれば、社会は多くの犠牲と共に持続不可能な局面に晒されてしまいます。しかし、だからこそ、すべての人々が共存できるよう、誰も取り残さずに、地球の資源や社会制度を「サステナビリティ」という新しい価値観で見直し、作り変えるべきなのです。

長い人類の歴史の中で、私たちはまさに人類社会の第2創成・新たな飛躍への扉を開けるのです。


私は小学生の時に大阪万博で刺激を受け、父の海外出張を羨ましく思いました。国際ビジネスマンを目指して、大学で英語会（ESS）に入り、海外事業で勢いのあったソニー株式会社に入りました。希望通り駐在は北米・南米・ロシア・中近東・欧州の5か国、計22年間に及び、人や文化の多様性、異質性を体験するとともに、人類共通の「幸せ」とは何かを考え、転職して世界の環境保護に取り組みました。現在はさらに広い領域をカバーするSDGsについて、企業の担う役割と機会を探る活動をしています。

ＳＤＧｓが希求する「持続可能な開発目標」とは、一言で言えば「将来に向け、人や企業が健康に躍動し、よりよい社会を次世代に引き継ぐ」ということです。そしてその価値観を「サステナビリティ」と名付けました。しかし、この当たり前のことを目標に掲げるということは、裏を返せば、私たちの暮らしは今や持続可能ではなくなりつつあり、放置すれば崩壊すらしかねないということです。

人類の危機が迫り、歴史の大転換点に立つ私たちは、判断を間違えるわけにはいきません。この先20年間の私たちの行動が、数百年先の未来を左右することになります。これにどう向き合い、チャンスに転換できるのか、皆さんと一緒に考えていきたいと思います。ぜひ最後までお付き合いください。

仮に今、あなたは美しい山の頂に近い、由緒あるホテルの総支配人だと仮定しましょう。以前は毎日25人ほどの宿泊客がゆったりと滞在し、素晴らしい景色と美味しい食事を堪能しながら、平均６日ほど滞在していたとします。食材は近所の農場から調達してきました。

しかし今では80人近いお客で満室状態が続き、宿泊期間も８泊に延びました。新鮮な肉や野菜をこれ以上調達することは困難になってきました。あなたは今後、どのように、山頂のホテルを経営しますか？

あなたが本書を読み終えるまでに、経営方針を思い描くことができれば、大変嬉しく思います。

筒井隆司

2040年からの提言
―SDGsネイティブの作る未来―

目次

まえがき …… i

序　章　人類に唯一残された生き残りの道 …… 1

第1節　人生100年時代の是非　2
第2節　2040年はどんな世界になっているのか　4
1　2040年の未来予測　7
2　2040年の社会とは　8
第3節　サステナビリティと企業の下剋上　11
第4節　SDGsの理解と取り組みに向けて　15

第1章　持続不可能な人類 …… 17

第1節　崩壊寸前に追い込まれた地球　18
1　感染症：COVID‐19パンデミックに震撼する世界　19
2　気候変動から気候危機へ　20
3　気象災害の激甚化　23

4　生物多様性の喪失がもたらすもの　25
第2節　地球の危機は人類が作り出した？　29
1　地球にとって私たち人間とは？　29
2　環境負荷に応じて国をデフォルメした世界地図　31
3　消費者を「自覚無き加害者」にする企業は生き残れない　32
4　増え続ける人口に対する考え　35
5　地球温暖化から気候危機へ　36
6　「不都合な真実」のその後――アル・ゴア氏との邂逅　38
7　生物多様性と企業の関係　39
8　愛知ターゲットの誤算と教訓　41
第3節　東京五輪と「ＳＤＧｓウォッシュ」　44
1　グリーンウォッシュ、ＳＤＧｓウォッシュのリスク　45
2　東京オリンピックはＳＤＧｓウォッシュか？　46

第2章 SDGsとサステナブルな社会 ……… 51

第1節　地球は1つ。しかし価値観はそれぞれ　52
1　価値観の多様性　52
2　異なる国でも人間の基本的な希望はほぼ同じ　54
3　「知らない、見ない」で世界は持続不可能になる　58
4　国際社会は196の不揃いの輪が繋がったチェーン　60
5　企業も社会利益を考える時期　62
第2節　世界一サステナブルな国「ニッポン」　64
1　世界に誇るサステナブル企業が集結するニッポン　65
2　SDGs誕生に至った背景　68
3　SDGsのこれまでの進捗　70
4　日本のSDGs進捗度ランキング　71
5　SDGsの正しい理解と取り組みに向けて　74
6　価値観の強要　75
第3節　世界の中のニッポン　77
1　辺境の国と世界の多様性　77

2 国際ルール形成への道のり 79

第3章 大転換期と日本企業 …… 83

第1節 人類史の転換期 84
1 日本の近代史と「時代の要請」 84
2 次世代にフェアにバトンを渡す現役世代の責任 88
3 アナン事務総長の慧眼(けいがん) 90
第2節 技術は転換期をリードできるか 92
1 先端技術と持続可能性 92
2 資源としてのCO_2 94
3 CO_2を原料とする産業の将来の見通し 95
第3節 ゼロカーボン社会への挑戦 98
1 再生可能エネルギーで電力需要を100%満たすために 98
2 日本政府が掲げた2030年の46%削減目標 100
第4節 社会制度は転換期をリードできるか 102
1 東京証券取引所のコーポレートガバナンス・コード改訂の意図 102

2　日本の産業の二極化　104
3　中小企業への期待　106
第5節　社会を下流から見上げてみる　108
1　自然界には存在しないごみ　108
2　ごみは社会を映す鏡・成熟度の基準　109
3　「拡大生産者責任」を強化する動き　109
4　欧米の動向　112
5　自然から学ぶバイオミメティクス——「社会の腎臓と大腸」を作る　113
6　廃棄物が少ない企業が勝つ時代　114
7　3Rから7Rへ　115
8　廃棄の多い産業1　アパレル　116
9　廃棄の多い産業2　食品　118
第6節　リサイクルが変える世界　127
1　リサイクル技術と循環型社会への寄与　127
2　廃棄物の再生で技術革新を促す　129
3　リサイクル・マテリアル市場の形成　131
4　リバースロジスティクス——「静脈物流」の整備に向けて　132

5 SDGsのゴール#17——新たな連携 134
6 循環経済パートナーシップ 137

第4章 2040年からの提言 …… 137

第1節 なぜ2040年か 138
1 2040年の世界予測 139
2 科学的に見た地球の収容力の限界 142
第2節 世界を導く「Youth-quake」の力 145
1 2060年の社会を考える若いリーダー 145
2 SDGsはこれからのリーダーの必修科目 147
3 2040年はジェネレーションY～Zが実質消費を左右する 148
第3節 民主主義の真意はどこにある？ 150
1 少数意見の価値 150
2 声なき声に応えられる社会 152
第4節 SDGsの認知加速がもたらす変化 154
1 就活生の志望企業選択基準 154

2　サステナブル人財の使命　156

第5章　22世紀の老舗（SHINISE）とは？　159

第1節　老舗とSHINISEの違い　160
1　地球と人間の新しい関係　162
第2節　会社経営に大きな影響をもたらすSDGs　165
1　CSRとSDGs　165
2　SDGs経営とは？　167
第3節　企業がSDGsに取り組む意味と、5つのレベルの整理　169
1　SDGsを教養に留めないための行動　169
2　SDGsを経営に実装するという意味　171
第4節　日本企業が国際社会で生き抜くために　188
1　日本企業の横並び意識とNGOとの連携　188
2　企業の持続可能性を左右する要素　190
3　経営トップのコミットメント　191
4　社内の中堅マネジメントの自分事化　192

第5節　企業を成長させる力、企業を蝕むもの　194
1　沈黙は共犯である　194
2　本当の経営ガバナンスとは　198
3　リーダーは「座長」から「座央」へ　198
4　中央統制からネットワーク型の権限移譲へ　200
5　課題解決の先送り　201
6　社員のエンゲージメントを高めるには　202
7　今世紀のサステナブル企業とは？　203
第6節　グローバル企業の使命　205
1　グローバル企業の貢献価値　205
2　世界の知恵を集められる可能性　206
3　世界の人材を募り、組み合わせる力　207
4　世界の資本を注ぎ込む力　208
5　世界の課題に取り組むリソース　209
6　国境を越えて未来社会を考え、変える責任　211
第7節　具体的な取り組みに向けて　213
1　欧米企業の動体視力とルール形成への野心　213

2 ノハム協会が推奨する6つの取り組み分野 215
3 業界別の主なSDGs取り組みポイント 217
第8節 飛び込んでみた「国際環境NGO」 220
1 経験を活かせない転職に挑む 220
2 法整備が不十分な国と持続可能性 222
3 政府とNGO、企業（FPO）とNPOの違い 223
4 WWFと支援者、人材、活動 224
5 戦略〝One Planet Lifestyle〟 227
6 企業パートナーシップ戦略 231
7 「持続可能な天然ゴム」トヨタ×WWFジャパン 232

第6章 歴史の傍観者にならないために …… 235

第1節 競争から協創の時代へ 236
1 グローバル・リーダーシップ 238
2 SDGsの先を考えるリーダー教育 239
3 共感は支配を上回る 240

第2節　企業で働くということ　243
1　企業の中の選択と自己責任　244
2　勤労の報酬について　245
3　歴史の傍観者に甘んじるのはやめよう　247
4　ＳＤＧｓの「開発」という言葉について　251
5　きれいごと・青臭い議論・べき論の活性化　253
6　No harm な世界とは　255

第7章　ＳＤＧｓからno harmな世界へ……257

第1節　２０４０年からの提言―20年後に後悔しない行動を今！―　258
1　２０４０年シナリオの準備　259
2　公共交通による移動はすべて無料化　264
3　２０４０年に生まれている新しい仕事　277
第2節　「流汗悟道」梅下村塾の梅津塾長の教え　279
1　誰も取り残さない。多様性を力に　281
2　日本の社会規範　281

第3節　ＳＤＧｓの応用―自分のサステナブルなゴールを考える―　283
第4節　ノハムという生き方　285
1　ＳＤＧｓの目標年が２０４０年に延長される可能性　285
2　ポストＳＤＧｓビジョン　286
3　本質は何か?　286
4　他を犠牲にしない生き方　288
5　世代間格差をなくす　289
第5節　日本ノハム協会の使命　291
1　持続可能なアジア太平洋の実現　291
2　誰も取り残さないというコミットメント　293
3　企業ネットワークのＨＵＢ　294
第6節　山頂のホテルの未来　296
あとがき……299
主な参考文献……302

序章

人類に唯一残された生き残りの道

第1節●人生100年時代の是非

長寿は人類共通の願いと考えられ、我々は「人生100年時代」に入ったと言われています。しかし私たちは、それを手放しで喜べるでしょうか？

気象災害は年々深刻化し、高齢者は電話が鳴っても詐欺ではないかと警戒します。新型コロナウィルスは瞬く間にパンデミックと化し、医療先進国・日本ですら、186万人以上もの感染者が自宅療養を強いられ、多くの地域で医療崩壊に至ったのです。

平均寿命は延ばせても、皆が健康で、安心して、生き甲斐を感じながら暮らす夢は叶ってはいません。では、私たちが享受している自由や豊かさを失わず、幸せに暮らすには、どうすればよいのでしょうか。

人の幸せは相対的なもので、「貧しきは憂えず、不公平を恨む」と言われます。幸せの多寡を数式に表せば、次頁のようになるでしょうか。

$$幸福度＝\frac{持てるもの}{欲　求}$$

上の数式では、個人の欲求が膨らめば、多くの資産を有していても、幸せを感じられないと言えます。逆に僅かな財産しかない人でも、他人と比べることなく、質素堅実な生活習慣があれば、幸せに暮らせるとも考えられます。１９８０年ごろ、井上陽水の「限りない欲望」という唄が大ヒットしました。高度成長期にあっても、次から次へと生まれる欲望に翻弄されてしまうという歌詞でした。

自分の欲求をどう扱うべきかという点は、本書でも重要な要素になります。今までのように何でも数字や量で測り、他人と比較し、欲望を放置すれば、人類はまたしても収奪や殺戮（さつりく）を犯すことにもなりかねません。しかし、そうしたリスクを察し、対策を考え、行動するのが私たち人間の知恵だと思います。

まとめ

- 長寿は必ずしも幸福を意味しない。
- 自分の欲望の扱い方によって幸福度は変わる。

第2節●2040年はどんな世界になっているのか

皆さんは2040年がどんな世界だと想像されるでしょうか。Z世代（1990年代半ば以降に生まれた人々）はすでにリーダーとして社会を動かしているでしょう。私は2000年当時、駐在員としてドイツのベルリンに住みながら21世紀の門をくぐりました。それから22年。インターネット経済と、モバイル通信機器の進化は想像以上でした。世界の店舗数ではインターネット販売の事業者数が実店舗数を抜き、モバイル機器は、時間や場所の制約をほぼ完全に取り払ってくれました。

これからの社会の変化については重要な変化点が4つあります。

1つ目は、世界経済は、従来のように資源を消費しながら、開発途上国に市場を広げることが不可能になってきました。なぜなら、地球の資源も自然環境も、それを許容できないレベルに達しているからです。

２つ目は、社会が「成長至上主義」から「持続可能な成長」へと転換します。これは限られた時間的猶予の中で、自ら欲望を制御する挑戦でもあります。

３つ目は、働き方、暮らし方の変化です。新型コロナウィルスは人類の防疫能力を超え、パンデミックに至りました。ウィルスが変異を続け、制圧困難なことも分かってきました。これからは密な空間コミュニケーションを前提とした社会経済活動は見直しを迫られます。新しい価値創造は、技術の進歩と共に普及し定着していくでしょう。

４つ目は、民主主義の変化です。私たち主権者が深く関与（エンゲージ）しないと民主主義は迷走しかねません。アメリカですら専制君主国家のように民主主義が後退してしまうことに私たちは驚かされました。スウェーデンのＶ－Ｄｅｍインスティテュートが２０２１年に公開した報告書を見ると、２０１０年からの10年間で、専制国家に暮らす人口は世界全体で48％から68％に増加しています。日本の民主主義はその成熟度が30位と低迷しています。行政データの開示請求に十分に応じていないことや、官僚による改ざん、メディアの取材や報道に対する干渉や規制などが影響しています。米国はトランプ政権に移行し、17位から31位にまで凋落しました。

歴史の大きな転換点では、私たちがやるべきことは主に３つあります。

1つ目は、自然、科学、社会、政治、経済、産業、技術などさまざまな分野から有識者を集め、「世界のグランドデザイン」を描き、未来社会ビジョンを共有する必要があります。初めは高い完成度を求めず、まずは多様な意見を取り入れて議論を始め、叩き台を作ることが大切です。

2つ目は、政府のみならず企業や市民団体も長期（20〜50年）ビジョンを考え、ここを起点に中期（5〜10年）計画に反映する必要があります。中期計画は柔軟に見直しや修正が必要になるでしょう。経営トップは、従来のように四半期などの超短期の成果に一喜一憂するのではなく、むしろその逆のプロセスで、長期社会ビジョンと企業の貢献目標を掲げ、そこから「Back Casting（逆算）」することに取り組むべきです。サステナビリティの向上には時間がかかります。だからこそ本質的な変革を達成する期限から遡って、取るべき行動に反映する必要があるのです。

3つ目は、行政・企業・市民など多様な当事者（マルチステークホルダー）と連携し、社会全体の利益となる事業を推進していく必要があります。自助・共助・公助は、有機的にシームレスに繋がったものでなくてはなりません。各部門の専門性を活かし、お互いを補完しあうことで効果が倍増する事例は枚挙にいとまがありません。

1　2040年の未来予測

世の中は、この先約20年でどう変わっているか、変わってほしいかという意味も含めて考えてみましょう。

未来予測は、悲観的に見て警鐘を鳴らす傾向がありますが、私は不安を煽ることには抵抗を感じます。むしろ人間には強い意志をもって未来を変える力があると信じ、夢を込めて未来社会を描きたいと思います。ここでは予測事例を挙げるに留め、個々の説明は、第7章で解説したいと思います。

時代の流れに身を任せれば、20年はあっという間です。しかし、目標を定めて取り組めば2040年までにできることはたくさんありそうです。着々と仕込んで、相応の成果が出せればと期待します。

2　2040年の社会とは

・クラウドとブロックチェーン技術を活用し、地球に生まれたすべての人々に「世界市民登録」がなされます。これを元に最低生活資金が保障され、健康や教育、納税や就業記録も共有可能となり留学や移民が促進されます。
・企業の価値を測る指標が多元化し、財務情報偏重が是正されます。企業活動のプラス面とともに、マイナス面も可視化され、合算した公正な評価で投資や就職活動が行われ、商品やサービスが選ばれます。
・炭素税などの目的税化とともに、世代間の格差是正に向け社会保障費にもメスが入ります。医療や介護サービスは資産に応じて負担率が変動し、より公平な制度にします。
・超細分化で相関関係が見失われがちな知識をＡＩが「アカデミック司書」として活用サポートします。
・公共交通の運賃は無償化され、移動コストを経済活動で補うようになります。
・地上を走る車両はすでに80％が脱炭素で駆動し、個人所有から共有が進みます。高精度ＧＰＳ、センサー、自動運転技術が保険や蓄電インフラとシンクロし、事故の発生率が現在の50分の1に下がります。ボディーはリサイクル素材を多用し、自動車の重さも半減。更なる省エネ・省資源・資源循環と安全走行が実現します。

・「社会共益資産バンク」が整備され、知財公開や、他企業の開発技術も公益目的で利用ができるようになります。

・文科省の自分で学びの企画をする「トビタテ！ 留学JAPAN（自主留学企画支援プログラム）」が世界の教育制度に導入され、スポンサーが多様化します。リカレント教育（生涯教育）の普及が、大きなビジネスを生みます。

・自分自身の終末期医療や資産分配をデザインでき、意思と尊厳が守られます。

・新資源と再生資源の市場規模が逆転し、蓄積された人工物の再利用が大きな産業となります。

・資源循環の思想が商品企画や設計段階から組み込まれ、リサイクル資材やこれを用いた製品が新たな常識となり価値を生みます。

・家庭ごみは有料化され、過剰包装や使い捨ての包装材は消費者に忌避されます。

・企業ではサステナビリティ担当部門が経営トップへの登竜門とされ人気を博します。

・実需通貨と投機通貨が分離され、「地球納税」と「未来税」の主な財源になります。

・武器製造や取り引きが国際法で禁止され、治安維持に限定した制圧装備のみ存続します。

この他にも多くの提案や議論はありますが、それだけで1冊の本になってしまいますので、この辺りでいったん留めておきましょう。目指すものをまず紙に書き出し、他人と共有し、議論を通じて可能性を探ることで時代は進化します。私は次の言葉を信じる一人です。

「what you can imagine, you can achieve（想像できることはすべて実現可能である）」

今から60年以上前、就任後4か月しか経っていない、44歳のアメリカ合衆国ケネディ大統領は、「1960年代にアメリカの宇宙飛行士を月に着陸させ、生還させる」と宣言し、1億8000万人のアメリカ国民は奮起しました。この未来ビジョンと情熱は国民の英知を結集させ1969年7月にアポロ11号によって実現されたのです。

まとめ

・2040年のビジョンを描く。
・2040年に向けて、私たちが住みたい社会の姿を描く。

第3節 サステナビリティと企業の下剋上

企業や消費者は、どのようにＳＤＧｓに関わるべきでしょうか。

２０３０年に向かって、企業はこれから「下剋上の時代」に突入します。規模の大小にかかわらず、２０３０年以降も成長を遂げられる企業と、淘汰されてしまう企業に分かれていきます。その分岐点を示すキーワードがサステナビリティ、すなわち「持続可能性」です。

ＳＤＧｓは「持続可能な開発目標」と訳されていますが、日本語訳ではピンとこないかと思います。ＳＤＧｓの意味するところをあえて意訳すると「人間が、これから先もこの地球で暮らし、成長していくために、課題解決に取り組むべき領域」と考えるのが適切だと思います。

人類の歴史を振り返る時、それぞれの時代に解決すべき課題がありました。航海術を発達させ、化石燃料で蒸気や電気を生み出し、医療サービスを広げ、都市交通を整備するなど、社会が発展する上で、人々は実に多くの成果を上げてきました。しかし過去には、今回のように「持続可能な」という枕詞が使われることはありませんでした。

そもそも人類はずっと持続可能に生き永らえてきたからこそ、長い歴史を持ち、繁栄を手に入れたわけです。生きること自体がサステナブルな営みであり、戦争や災害のような非常事態でも人間は協力し合って生き抜いてきたではありませんか。

しかしそういう当たり前のことが、このままでは世界の多くの場所で不可能になるというリスクが、自然科学で裏付けられてしまったのです。もはやサステナビリティは選択肢の1つではなく、唯一残された生き残りの道と言ってもよいかと思います。

産業革命当時の世界人口は約10億人でした。当時は、地球は広大で、天然資源は無尽蔵にあり、自然の恵みは「所与のもの」として、いつでも、誰でも、いくらでも使い放題と考えられていました。

しかし今では80億人の人間が地球で暮らしています。地下資源の多くを使い尽くし、今後は海底資源まで採掘しなければ産業を維持できなくなりつつあります。核廃棄物は岩盤を数百メートルも掘って、今後数万年~10万年もの間、隔離し続けなければ危険です。今使っている電気のために、将来何百世代もの子孫たちに、管理を押し付けようとしています。将来の世代も必要とする資源を使い果たした上、彼らに膨大な負担だけを押し付けることは許されるのでしょうか。

それ以外にも、さまざまな課題があり、それらはお互いに関連しています。例えば、貧富の差は社会に不公平感を生み、怨嗟（えんさ）や犯罪の温床となります。教育機会に恵まれない人々は、生活苦から逃れようと、労働力として多くの子どもを生みますが、それがさらに飢餓や格差を拡げています。このような課題を放置すれば、テロ活動や地域紛争、人権侵害や感染症などが、そこから離れて暮らす人々にも不幸の連鎖をもたらすのです。

私たちの社会が持続的であるように、国連は取り組むべき課題を大きな領域に分け、各領域に計測可能な具体的数値目標を掲げました。こうして２０１５年の９月に17の開発目標と１６９の数値ターゲットを盛り込んでＳＤＧｓは誕生したのです。

「辺境の国」日本は、世界の政治・経済・科学のリーダーたちが、英語で活発に議論し、国際ルールを形成していく中、半歩遅れて対応することに慣れてしまっています。国際世論は欧米で湧き上がり、国際ルール形成は欧州を中心に米国や大洋州など一部の国々の代表が議論をリードしています。日本は家電や自動車、精密機器や光学製品など、自ら技術規格を提案し、世界をリードしてきた一方で、社会全体を大きく変えるような政治や外交交渉においては、議論をリードすることは多くはありませんでした。

資本主義の価値観も、この十数年で欧米では大きな変化が見られます。短いサイクルで投資家の利益を最優先してきた企業が、人材や資金、資源などの「社会資本」を用いる以上、持続可能な社会に変貌し、公益に寄与しなければ、長期的な事業の発展は困難という認識が広まっています。公益に尽くして社会を良くしながら、会社や株主の利益も確保していかないと、生き残れないという認識がすでに主流となっているのです。

日本では２０１７年の暮れに経団連が企業行動憲章を改定し、ＳＤＧｓバッジを胸に付けた人々が目立つようになりました。書店には80冊を超えるＳＤＧｓの関連書籍が並び、教育の現場でも２０２０年度からＳＤＧｓが指導要領に加わりました。有名私立中学の受験問題にもＳＤＧｓに関する出題が増えています。

私たちはＳＤＧｓが「２０３０年までの流行」で終わらないよう、企業もＳＤＧｓの理念を経営に取り込む必要があります。欧州には一日の長があり、米国も半歩先行している企業はありますが、焦る必要はありません。そもそも日本は長い歴史の中で、常に持続可能な変容を遂げてきました。老舗企業の数では今でも他国を圧倒しています。また日本人の理解力と適応力、卓抜した組織力があれば、これから追いつき、リードしていくことも十分可能だと信じています。

まとめ

- 発展とサステナビリティは相反しない。
- サステナビリティこそが生き残りの唯一の方法。

第4節 SDGsの理解と取り組みに向けて

2020年の春、「日本ノハム協会」が誕生しました。8月に私に一冊の本が届きました。それが神田尚子代表理事の『最先端のSDGs「ノハム」こそが中小企業の苦境を救う』でした。

SDGsの理念を企業経営に活かすというアイデアは、国際環境NGOで働く私にはありませんでしたので、新鮮な視点だと感じました。企業はSDGsの目標達成に向け、積極的に支援や協力をすべきという考えから、大きく一歩踏み込んだ着想でした。

神田代表は自らブライダル企業の経営者として、海外視察や京都のロータリークラブで勉強会を主宰し、SDGsと経営の在り方を考えていました。中堅企業や中小企業でも、経営に反映させ、社員のエンゲージメントを高め、社会から必要とされるサステナブル企業になれると確信したそうです。私は6年近く勤務したWWFジャパン（公益財団法人世界自然保護基金ジャパン）を卒業し、それを社会に広げるべく、日本ノハム協会に移りました。

私たちはＳＤＧｓの理解と経営への実装に向け、経営者との活発な対話を通じて伴走しています。ＳＤＧｓはあと数年で目標達成年の２０３０年を迎えます。その先にはどんな社会を実現したいのか、そこに私たちは「no harm な社会への夢」を描いています。

まとめ

- 経営にＳＤＧｓの理念を生かすことができる。
- 日本ノハム協会のサポートでサステナブル企業に。

第1章

持続不可能な人類

第1節●崩壊寸前に追い込まれた地球

国連環境サミットがリオ・デ・ジャネイロで開催されてから30年。「人類は持続的に発展できるか」という問いに対して、いま世界中で懸念が広がっています。「森林減少」は歯止めがかからず、「地球温暖化」も「気候危機」へと深刻度を増しています。新型コロナウィルスは、世界各地で変異し、感染パターンが変化します。各国政府は感染症対策を最優先せざるを得ず、ＳＤＧｓ推進にもかげりが見えています。

自然環境や社会問題への対応が遅れると、最後の抑止点「ティッピング・ポイント」を越えて制御不能に陥ります。今から反転攻勢に出るには、政府に依存するだけではなく、企業も、個人も、一緒になって崩壊を押し留めるしかありません。それがＳＤＧｓに取り組むということであり、事業を通じて貢献するのが「ＳＤＧｓの理念を事業活動に実装する」ということなのです。

１　感染症：ＣＯＶＩＤ－19パンデミックに震撼する世界

世界の自然科学者や感染症の専門家によれば、新型コロナウィルスの発生源は、開発などで生息域を追われたコウモリなどの野生生物が、人間や家畜の生活域に燻り出され、人獣感染症から人間同士でも感染するウィルスに変異したとされています。

武漢市封鎖までに、感染は猛烈な勢いで世界中に広がりました。この感染速度がスペイン風邪とは大きく異なります。北米を発生源とするスペイン風邪では世界人口の27％にあたる５億人が感染し、１億人近くが命を落としたと推測されています。まさに戦争よりも大きな脅威です。

地球上には１７０万種ものウィルスが存在し、そのうち54万種は人間が感染する可能性があるので、コロナを抑え込んでも、一件落着とはなりません。サル痘をはじめ、常に他のウィルスへの警戒監視と国際的な対応が求められます。

環境保護団体や科学者が、無秩序な開発のリスクを訴えても注目されませんでしたが、新型コロナウィルスが多くの犠牲者を生むことで、ようやく危機意識が伝わったのは残念なことです。

我々コロナ・パンデミック体験世代は、自然環境や生き物たちとの関わり方を見直し、このような悲劇を繰り返さないよう行動を変えるべきです。

感染爆発の中では、行政の対応を非難しても私たちの命を守ることはできません。自然環境のもたらす豊かな生態系サービスに対して、「人間の生き方」を見直す時期が来ています。

2　気候変動から気候危機へ

(1)　2℃上昇の誤解

英国のグラスゴーで開催されたＣＯＰ26では「産業革命前からの気温上昇を１・５℃以内に抑える」ことが正式に合意され、２０１５年のパリ協定で合意した２℃未満では不十分であるとの理解が世界で共有されました。一見明瞭で、誤解を生む余地はなさそうですが、「東京の夏の気温が34℃から40℃にならない為の取り組み」と言ったら、「なぜ６℃上昇の話を持ち出すのか」、と怪訝(けげん)な顔をする方も多いでしょう。

気温上昇１・５℃未満というのは、実は「年間を通じた地球の平均気温」に対しての上昇幅です。産業革命前の世界の平均気温は13・６℃程度。ＮＡＳＡとＷＭＯ（世界気象機関）の発表では２０２０年の地球の平均気温は14・９℃でした。これはすでに産業革命前に比べ１℃以上、上昇したことになります。

これを変化率９％として自分の体に置き換えたらどうなるでしょうか？ 摂氏での単純比較は少々軽率かもしれませんが、平均体温36・５℃の人で９％程度体温が上昇すると、40℃近くになってしまいます。そんな状態で仕事や勉強をするのは過酷ですし、高熱が続けば多くの臓器で機能を維持するのは不可能になります。

企業であれば、売上計画に対して10％程度の変動によるインパクトは吸収可能でしょうが、多くの生命体は永い進化の過程で絶妙のバランスを保ちながら生き延びてきました。その許容範囲は極めて限定的なのです。

「パルスオキシメーター」で、指先の毛細血管の酸素飽和度を測ると、健康な人は96～98％ですが、93％を切ると酸素投与が必要となり、90％を切ると生命の危険に至ると言われています。生命体にとっては、僅か５～８％の変化が、生死に関わる重大なリスクであることを我々は理解し、対処する必要があるのです。

(2)　摂氏49・6度の衝撃

私は社会人になって3年目に、サウジアラビアに赴任し、妻と二人で4年近く駐在しました。日中の気温が40度を超えると、日常生活がどれほど制約されるかということを、身をもって体験しています。クーラーは故障が少ないアメリカ製の大型モデルを全室に取り付け、一日中つけたままです。各家庭にはバスタブほどの大きさの冷凍庫があり、ぎっしり食品を蓄えておきます。自動車のエアコンが不調なら、危険で遠出はできません。

水泳は火傷を警戒して早朝か夕方のみ。テニスやウォーキングは日没後に照明設備のある施設でしか楽しめません。ソニーは１９８６年に太陽光充電パネル搭載のウォークマンを発売していましたが、日中外に居ることを避けるサウジアラビアでは、あまり売れなかったという失敗談は印象的でした。

２０１９年の春、ケニアで開かれたＷＷＦ（世界自然保護基金）の年次総会の帰途、経由地のドーハで2時間ほど街を散策しました。外気温は43℃、しっかり水分補給しても体力の消耗は想像以上でした。日本の夏がこうならないため、今、行動することが大切です。

２０１９年にはオーストラリアで森林大火災が起きています。乾燥した大地に、落雷で自然発火し、３か月にわたり、オーストラリアの森林全体の2割を超える1万７０００平方キロメートルを焼き尽くしたのです。野生生物の被害は、なんと10億匹。これは山火事で有名なカリフォルニア州の、過去最大の森林火災の約50倍という、想像を絶する規模でした。

２０２０年には、カナダのバンクーバーの北約２００キロメートルのリットン市でヒート・ドーム現象が発生し、49・6℃という熱波が街を襲いました。乾燥した森に落雷が生じ、

１００件を超える山火事が一斉に発生したのです。そこから発生した「火災積乱雲」はさらに深刻な被害を拡げました。山火事で生じた熱風が急上昇して積乱雲を形成する際、燃え盛る木々も吸い上げ、上空で冷やされると、強力なダウンバーストとなって燃えカスをまき散らし周辺の森に火を付けたのです。

地球の平均気温は、産業革命前から１℃少々上昇しただけですが、その僅かな変化ですら、これほど極端な現象を各地で引き起こしてしまうのです。

３　気象災害の激甚化

⑴　線状降水帯とゲリラ豪雨

２０１９年に日本を襲った台風19号は、２６２の河川を氾濫させ、１２５か所の堤防を決壊させ、８万４０００もの住宅に浸水被害をもたらしました。犠牲者は１００名を超え、４４７名が重軽傷を負いました。７万６０００トンに達する災害廃棄物の処理は新たな環境への負荷を生みました。

北陸新幹線の車両基地は、過去の教訓から2メートルも盛り土をして浸水対策を施していたものの、どっぷりと水に浸かり、多くの車両が走行不能になりました。過去のデータに基づく対策はもはや通用しないほど、自然災害は激甚化しています。オフィスビルやマンションの電源設備やセキュリティ管理設備は、今でも地下や地上の浸水域に置かれたままです。早急な対策を要求し、命を守る必要があるといえるでしょう。

世界の表面海水温は過去100年で0・55℃上昇しましたが、日本の近海では、その2倍近い1・1℃の上昇が見られます。これは膨大な熱量が海水に吸収されていることを示しています。気温が上がれば大気中の「飽和水蒸気量」が増え、大量の雨が降りやすくなります。

「線状降水帯」はゲリラ豪雨を降らせる厚い雲が連なる状態で、2014年頃から頻度が増え、毎年のように発生しています。こうした水害の被害額は全国で6500億円を超え、2020年には熊本（3167億円）・大分（570億円）・山形（353億円）の3県で過去最高を更新しました。ちなみに熊本県の年間予算規模は約8650億円ですので、こうした大型自然災害が頻発しては県の財政が破綻してしまいます。持続可能ではない世界の入り口に片足を踏み込んでいる状態がご理解頂けると思います。

海水温の上昇は海の生物多様性にも影響し、漁業被害を誘発します。サンゴ礁は「海のゆりかご」と呼ばれ、多様な魚種の稚魚やプランクトンなどを育んでいます。日本では奄美・沖縄の八重山列島の周辺海域のサンゴが有名で、石垣島のブルー・コーラルは世界的にも貴重な海洋自然資産とされています。1979年に石垣島のサンゴ礁の上に新石垣空港の建設計画が発表された時は、反対する地元の漁師たちにＷＷＦも加わり、当時のＷＷＦ総裁であった英国王室のエジンバラ公フィリップ殿下も現地入りし、新空港建設案はゴルフ場の予定地に移されてブルー・コーラル群は守られました。

しかし、気候変動で海水温が上昇してはサンゴ礁も守りようがありません。すでに石垣島周辺の海水温は７００時間も30℃を超えるほどになり、サンゴが白化して死んでしまえば、漁業被害は誰がどう補償するのか、解決は困難になります。

4　生物多様性の喪失がもたらすもの

(1)　たった50年の間に、生き物の種類が7割近くも姿を消す現実

近年、テレビやネットニュースでは、過疎化した農村に、野生の鹿やイノシシ、熊などが山から下りてきて、畑の作物や果物を荒らしたり、人を襲ってけがを負わせるなどの「獣害」の報告が増えています。それとは裏腹に、日本においても、生物多様性は急速に失われ続けているのです。

（2） 地上の哺乳類の構成

２０１８年に世界経済フォーラム（ダボス会議）で報告された数値には、驚かされました。地球上に生息する哺乳類の生息数は約１４５億で、その半分以上を占める78億が人間で、人間に飼育されている家畜が50億頭、愛玩用ペットが15億匹と続き、野生に暮らす哺乳類は家畜の５％にすぎないとの推論から、その数は僅か2億５０００頭に過ぎないというのです。哺乳類全体の僅か１・７％にすぎません。

この数字には信憑性があります。１９００年に10万頭ほど生息していた野生のトラは、毛皮や骨が伝統医薬として珍重され、密漁によって生息数の97％が失われたからです。

前回の寅年だった２０１０年、野生のトラが生息する13カ国の環境大臣や外務大臣、ＷＷＦの幹部がロシアのサンクトペテルブルクに集まり、「世界トラサミット会議」を開催しました。２０２２年の寅年までに、３２００頭に減った野生のトラを保護し、個体数を2倍の６４００頭まで回復するための国際会議です。

今では悪名高きプーチン首相（当時）も、トラが絶滅したイランやカザフスタンにロシアのトラを寄贈し、保護区の創設と個体数の回復を支援しました。俳優のレオナルド・ディカプリオ氏も１００万ドルの支援を行いました。こうした支援を背景に、野生のトラは４０００頭近くまで回復しています。

（3）天然の海洋水産資源の減少と人的養殖の拡大

海の生物多様性の減少も、最近になってその深刻さが分かってきました。第２次世界大戦後、世界の人口は３倍に増えましたが、その過程で、海洋水産物の水揚げは何と10倍の２億トンにもなりました。

魚群探知機や漁法の進歩に加え、タンパク源を海に求める新興国が、大型投資を続けています。天然物が足りなくなると、大規模な水産養殖産業が拡大し、現在は養殖が世界の漁獲量の約半分を占めています。

高性能の魚群レーダーと大型船団によって根こそぎ魚を獲るようになり、海洋水産資源を管理しながら、育てた分を獲るという漁業協定は軽視され、公海上で漁獲の奪い合いが繰り広げられています。その結果、天然の魚は激減し、これを絶滅から救うためにＭＳＣという、国際資源管理のための国際認証

図表１　世界の漁業・養殖業生産量の推移

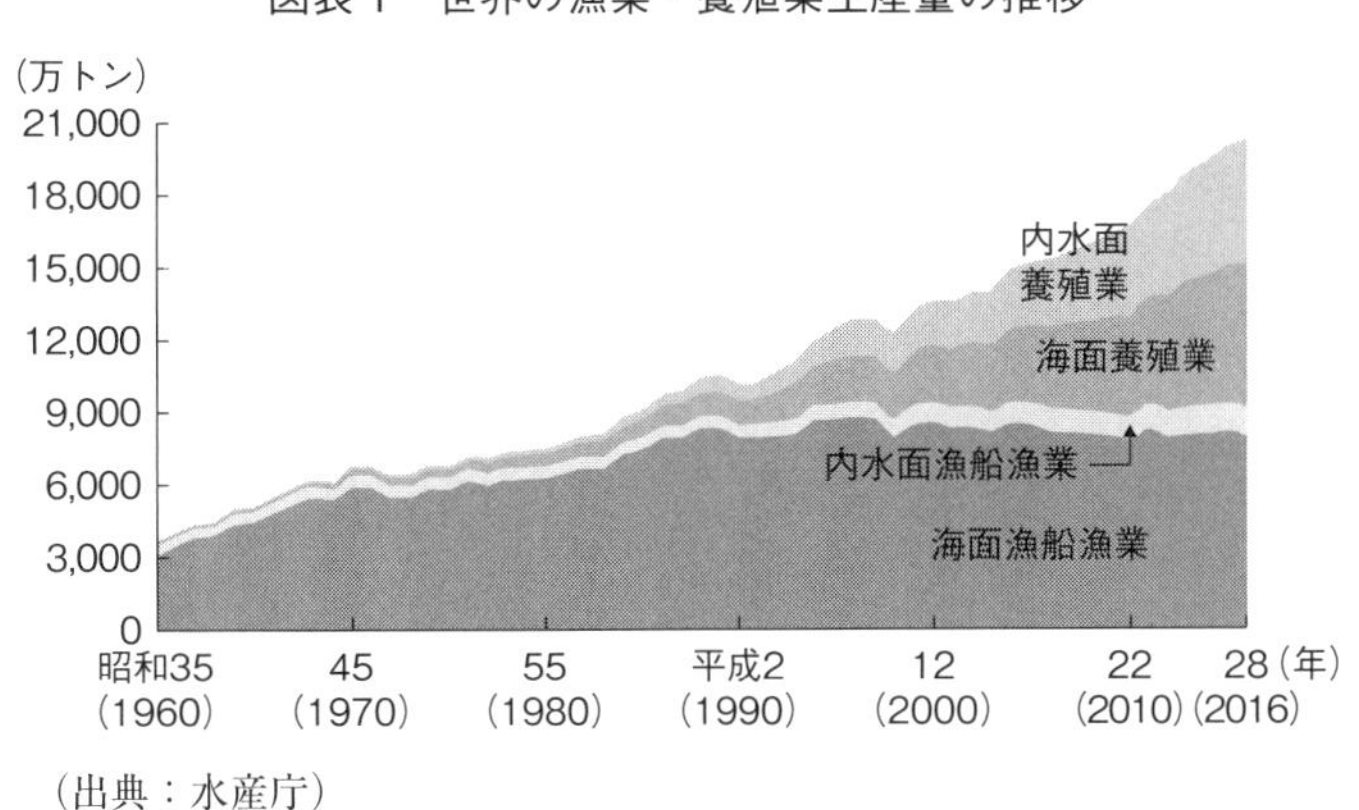

（出典：水産庁）

制度が創られ、持続可能な漁業に向けた活動が続けられています。

日本人一人当たりの魚の年間消費量は１９６０年当初から継続的に50kg程度で推移し、１位の韓国（53kg）、２位のノルウェー（52kg）と均衡しています。国別の漁獲高トップの中国よりも一人当たりの消費量は40％多く、欧米の２倍強となっており、この問題の解決には日本の国際貢献が欠かせません。

海の資源管理は大変重要です。マグロを例にとれば、幼魚の段階で捕獲し消費するよりも、回遊させて成魚で捕獲すれば、資源としては17倍に成長することが分かっています。しっかりとした資源管理計画を立て、各国が連携し、世界の水産事業者が資源管理の重要性を認識して協力すれば、この問題は解決に近づくことができます。

まとめ

・気候、気象など地球そのものがすでに崩壊の一歩手前に追い込まれている。
・感染症や環境の変化によって、生命の危機も迫っている。

第2節●地球の危機は人類が作り出した？

1　地球にとって私たち人間とは？

ニューヨーク市のブロンクス動物園は以前、面白い仕掛けで話題を呼びました。それは出口付近にある大きな鉄格子の向こうに鏡が掛けてあったのです。来園者は鉄格子の奥の暗がりに、鏡に映った自分自身を見いだすことになります。そして格子の上には解説文が掲げられ、「毎日19万頭ずつ増えているこの動物は、世界で最も危険な生き物である、なぜならば彼らは地球上のすべての生物を絶滅に至らしめる力を持ってしまったからだ」とあり、自分たちの責任を再認識するというわけです。最も危険な生き物と名指しされた人々はいったい何を感じたでしょうか？

人間にとって、最も恐ろしい病気の1つはがんです。「がん細胞の定義」を見ると、「制御不能な状態で不完全な細胞の増殖をくりかえし、体内の離れた臓器や部位に転移し、組織に浸潤して栄養を奪い、腫瘍となって他の細胞を圧迫する。その結果、寄生する生体そのものを死に至らしめ自らも死滅する」とあります。

人間は、この地球上で、留まることを知らぬ勢いで増え続け（増殖）、生まれた場所から離れて森を切り拓き（転移）、資源を掘り、街を作り（浸潤・腫瘍化）、開発（圧迫）をしてきました。ここまで似ていると何とも示唆に富んだ啓示に思えてきます。

私たちはやはり今までの暮らし方を見直すべき時期に来ています。この十数年間が軌道を修正する最後のチャンスです。そのために人間には他の生き物以上の英知を授かったはずです。後戻りできない臨界点（Point of no return）を超えては遅すぎます。企業経営者や、政治家、科学者にも正しい判断をする能力は備わっているはずです。

自らを檻の中に見いだす人間
ニューヨーク市ブロンクス動物園「鏡の間」
（1963年、ブロンクス動物園提供）

2　環境負荷に応じて国をデフォルメした世界地図

日本の人口は世界人口の1・5％程度にすぎません。小さな島国が、今でも世界第3位の経済大国であることは驚くべき事実です。世界のどの街に行っても中国系の華僑や、インド系の印僑、またユダヤ・コミュニティーがあります。「和僑」という言葉はあまり聞かないものの、日本人も商社マンやメーカーの駐在員たちが世界中にネットワークを築き上げてきました。

どの家庭を見ても、多くの食品や消費財が海外から輸入されており、日本は国際社会と相互に依存し協力しなければ生きていけません。その依存度の高さは、国家安全保障の観点で見れば、高すぎると言わざるを得ないほどです。

ここに興味深い世界地図があります。エコロジカル・フットプリントという環境負荷に応じて各国の大きさを調整したもので、日本列島は、膨らんだ餅のように見えます。日本が如何に大きな環境負荷を生み出しているかがよく分かります。

日本の貿易相手国の立場で考えれば、パートナーとして信頼し学ぶべき点が多くなければ、付き合う価値がありません。これから新興国や発展途上国が成長していくにつれて、日本とのパートナーシップを希望する国が多く出てくるよう、日本を改善する方が有利になります。持続可能な国として尊敬され、指名されるようにならなければ日本の将来は危ぶまれます。

3　消費者を「自覚無き加害者」にする企業は生き残れない

日本では企業に対する「性善説」が根底にあります。メーカー名を表示している以上、信用を裏切る行為はしないはずだという信頼があります。しかしこれは世界ではむしろ珍しい社会通念です。

企業性善説がない国では、早くから消費者の権利を保護する動きがありました。今から約60年前、アメリカではケネディ大統領の「消費者の利益の保護に関する特別教書」によって次の4つの権利が認められるようになりました。

①安全を求める権利
②知らされる権利
③選ぶ権利
④意見を聞いてもらう権利

その後、⑤「被害を救済される権利」、⑥「消費者教育を受ける権利」などを追加して、消費者が主体的に判断し、選択できるように市場ルールを変えていったのです。日本でも1968年には「消費者保護基本法」が成立し、消費者の目線を取り入れて安心な商品を企画・製造する流れが形作られました。

私は「パーム油」という名前をWWFに入って初めて知りました。アイスクリームやマーガリン、石鹸や口紅などにも使われているパーム油は主にインドネシアやマレーシアで栽培されるアブラヤシの実を搾って取る油です。小規模農家が多い生産現場では、違法入植者や児童労働、低賃金での強制労働などの社会問題が多く、また森を皆伐してプランテーションに転用するなど、環境問題が頻発するので、日本のメーカーの多くは「植物性油脂」という曖昧な表記でリスクを回避しています。

不実の記載ではなくとも、消費者を間接的に「加害者」にしてしまうのは、「知らされる権利」の侵害にあたります。国際社会もリスクを認識し、対策の1つとしてRSPO（持続可能なパーム油のための円卓会議）という認証機関を設立し、持続可能性に配慮したパーム油には国際認証マークを付与しています。企業は責任ある調達方針を公表し、不透明な表示をやめ、持続可能な原材料に切り替えるべきです。生産者の苦痛や環境破壊を起こさず、消費者が安心して買い求められる商品を提供すべきです。

図表２　世界のエコロジカルフットプリント

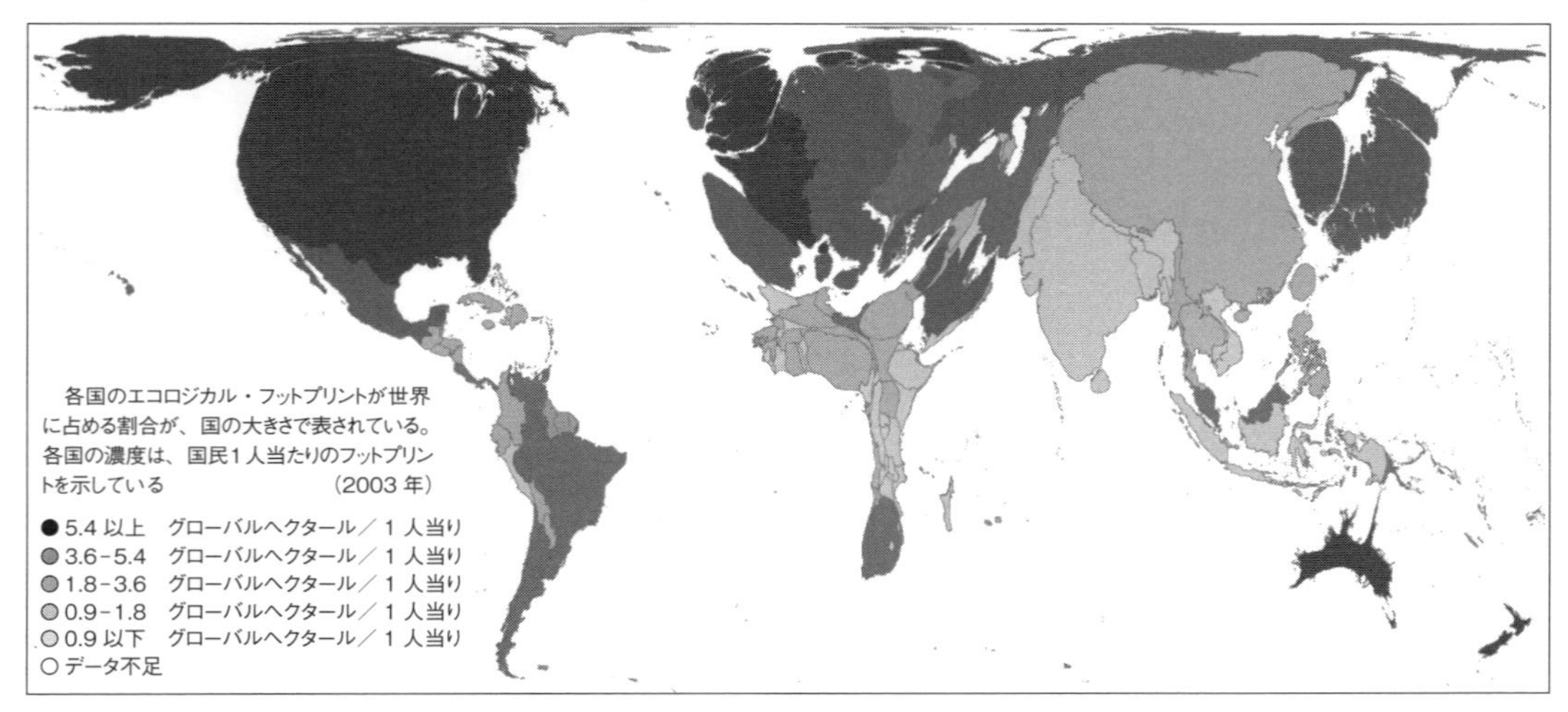

4　増え続ける人口に対する考え

世界人口の急増が地球環境の悪化を招き、差別や格差を広げたことは紛れもない事実です。私はWWFのような国際機関では、人口の抑制や管理も当然議論されると思っていましたが、宗教観や優生学が生んだ誤解により、人口問題の論議はタブーとされていることに驚き、また失望しました。人口問題はデリケートな話題です。しかし未来構想には、地球の収容力の上限という本質的課題を考える必要もあります。無知や性暴力被害など、望まない妊娠や、労働力としての多産は深刻で貧困の連鎖を生んでおり、放置してはいけない社会課題です。

人口はかつて、国力を象徴する最も有力な要素でした。CIAの元分析官だったクライン氏は

国力＝（人口・領土＋経済力＋軍事力）×（戦略目的＋国家意思）

という「国力の方程式」で、人口が国力の源泉であると主張しました。しかし人間の労働を代行できる機器の進歩は、これが必ずしも正しいとは言えないことを示しています。戦う前に戦意を喪失させるサイバー攻撃や、無人機やドローンを用いた戦い、プロパガンダによる情報操

作など、少ない人員で勝つための戦略が開発されたからです。

世界人口が増え続ける中、２０２０年に日本の合計特殊出生率は１・34となり、「少子化」が最大の懸念材料となっています。韓国は０・84と世界最低水準に陥り、両国は不可逆的な少子化に陥るとされる出生率１・５を下回りました。諸外国もいずれこのスパイラルに入ると考えられます。アメリカが人口と経済を伸ばし続けてきたのは移民受け入れによるものですが、移民招致策は日本においても必要になるでしょう。

１００億を超えると予測される世界人口が、資源消費急増につながらないよう、成長と資源のデカップリング（連動性を切り離すこと）が鍵になります。資源循環型社会に移行させ、環境負荷を減らし、人々が安心して暮らし続けられる社会システムを創ることが急務です。国家という枠組みのマイナス面を修正し、全地球市民による協創の時代へ移行すべきなのです。

5　地球温暖化から気候危機へ

「地球温暖化」という言葉に危機感を覚える人は僅かでしょう。私はカナダやロシアで駐在し、マイナス20℃の真冬には命の危険すら感じた体験もありましたので、「温暖」という言葉には、優しい印象を持ちます。

しかし地球温暖化は、凍てつく寒さが緩むだけではありません。地球の熱放射メカニズムが大きく狂うことを「温暖化」と呼んだのは、危機を覆い隠そうとする政治的意図があったのでは、と勘繰りたくなります。

２０１７年春、横浜で開催されたアジア開発銀行の年次総会に、ＷＷＦのヨランダ・カカバドス総裁（当時）と共に参加しました。彼女は恐るべき気候変動は「温暖化」ではなく、「気候の危機」と呼ぶべきだと強く訴えました。翌２０１８年の秋、ＢＢＣは「気候変動に関して懐疑派の意見を併記し、報道の中立性を保とうというのは、誤ったバランスである」と結論付け、科学とデータ重視に大きく舵を切りました。そして２０１９年5月、英国紙ガーディアンが初めて「気候危機」という表現に統一し、英国民に警鐘を鳴らしたのです。

ＷＷＦでは、環境省の中央環境審議会委員にも名を連ねる小西雅子専門ディレクターがメディア向けに勉強会を開き、最新情報の解説や論点整理を手伝い、記者が自ら報道できるようリテラシー向上を支援してきました。世界のすべての人々がこの危機を理解し、行動するのは困難でしょうが、２０４０年に若い世代が私たちの行動をどう評価するか。「勇気と行動の世代」と評価してもらえるよう成果につなげたいものです。

6 「不都合な真実」のその後――アル・ゴア氏との邂逅（かいこう）

クリントン政権時代のアメリカ元副大統領、アルバート・ゴア氏は大統領選に僅差で敗れはしたものの、その後、地球規模課題の解決に向け活動を続ける真の指導者です。２００６年に公開されたドキュメンタリー映画『不都合な真実』は各国で大反響を巻き起こし、科学データを駆使した論理で人々を圧倒しました。２０１９年10月に来日され、気候危機に取り組む企業やＮＧＯのイベントでお会いしましたが、71歳のゴア氏は気迫に満ち、２時間半を超えた講演に用いたパワーポイントの資料は２００ページを超えました。日本の政治家と違い、原稿に頼らず自分の言葉で熱弁しました。

強い使命感で、６００人の聴衆を惹き付ける姿は感動的でした。夜の懇親会でご挨拶の機会を頂き、「ゴアさんのエネルギーの源は何ですか？」と尋ねると、「自分は目に見えない大きな力に突き動かされているように感じます」とのお返事でした。

数か月後に日本を代表する企業やエリート官僚と、胸襟を開いて議論する機会がありました。和やかな会話は、しだいに熱気を帯び、立場による意見の対立が鮮明になってきました。多くの雇用を抱える大企業の経営幹部にとって、気候危機のリスクは理解しつつも、対策を巡っては価値観や時間軸の差で、溝の深さを再認識しました。

こうした溝を乗り越えるには、科学者の意見に傾聴し、長期的な目標と優先順位、予算と人的リソースを確保できるよう、産業界・行政・学術・市民社会が協働できるプラットフォームが不可欠だと思います。

7　生物多様性と企業の関係

「生物多様性」は企業人にとって、事業との関係が今一つ理解しにくいと思います。多くの生き物が絶滅しても、自然淘汰と片付けられれば悩まずに済みますが、人間活動に起因する急激な種の根絶は、淘汰とは呼びません。例えば農業用水路を整備する中で、川底と両岸すべてをコンクリートで固めてしまうと、藻草やコケが育たなくなり、タナゴやハゼが生きられなくなります。このような生態系の変化は、害虫の大量発生や、食物連鎖の破断を起こし、オセアニア大陸から飛来する渡り鳥が中継地を失うなど、想定外の問題を引き起こすのです。事業には、さらに多くのプロセスを経て影響します。

人間は生まれた時からずっと無償で自然の恩恵に与かってきたので、それを経済価値として測る人はほとんどいません。そこで、「ＴＥＥＢ」という「生態系と生物多様性の経済学の研究成果」が２０１０年の秋に公表されたときは、経済界、特に金融界の注目を集めました。数値化されてこなかった自然の価値を、経済的に解き明かし「自然資本」という会計手法を確立したのです。ドイツ銀行のパバン・スクデフ氏がリーダーとなり、森や山の経済価値、蜂や蝶が農業において担う役割とその経済価値などを試算しました。その結果、昆虫がもたらす受粉支援価値は、少なくとも年間で18兆３０００億円相当と算出されたのです。これは農作物の９・５％を基に計算した額ですので、実際には２００兆円ものサービスが無償で供与されているというわけです。

気候変動によって昆虫たちが衰えれば、農業には甚大な被害が出ることが初めて明らかにされました。山々に囲まれた国で、森林が防いでくれる雪崩、落石や水害。海洋保護区で個体数を回復した魚種が増殖を続けて提供するタンパク質の価値など、多くが解明されています。これは保険業界や銀行などの意思決定に大きなインパクトを与え、新たな投資判断基準として、企業が環境・社会・ガバナンスにどう取り組んでいるかを考慮した投資手法である「ＥＳＧ投資」の拡充に大きな効果をもたらしました。

生態系サービスの恩恵を受ける企業は、酪農や農林水産業、食品業界に留まらず、飲料や医薬品・漢方薬、さらには観光業なども主な受益者と言えます。多様な生き物が暮らせる環境だからこそ、農作物などが収穫できるのです。

8　愛知ターゲットの誤算と教訓

生物多様性の保全に向け、2010年に「国連生物多様性条約締結国会議：CBD・COP10」が名古屋で開催されました。議長国である日本が中心となり、20の目標からなる「愛知ターゲット」が合意されました。

しかし2021年、中国の昆明で開催された「CBD・COP15」では、「愛知ターゲット」の達成度合いについてのショッキングな報告がなされました。20の目標と60の指標のうち、達成された目標はゼロで、60の指標のうち到達できたものは7個しかなく、後退した指標が13も見られたのです。いかに国際合意を作っても、世界が協働しないと成果が出せないことが露呈したのです。

一方、気候変動については、パリ協定（2015年）以降、理解が大きく進みました。それはSBT（パリ協定の目標達成に整合する削減計画の策定と審査）、RE100（調達するすべてのエネルギーを自然エネルギーにする運動）、TCFD（気候変動がもたらすリスクとチャンスを企業がステークホルダーに開示する活動）などにさまざまな企業が参加し始めたことからも明らかです。

その一方で生物多様性についてはいっこうに理解が進まず、企業も苦慮する状況でした。そこで2030年までに生物多様性の減少を食い止め、生息域を回復させるよう88カ国の代表が「環境に対する国際リーダーの宣言」を出しました。また企業が「自然とビジネスの関係を開示する、TNFD」が提起され、「持続可能な生産と消費、バリューチェーンと生態系、森林・海洋資源の保護と利用」などについて、リスク分析や取り組みを説明することが求められるようになりました。

これからは世界の「不都合な真実」に向き合う企業と、見て見ぬ振りをする企業とに二極化していきます。決断を先送りする猶予はありません。後世にどんな社会を引き継ぐべきか、2040年に主役となる若者たちと議論し、行動したいと思います。

海外から見ると、日本は国際ニュースが少ない国だという事実に気づきます。海外メディアが配信したものから一部だけ日本語訳した記事ばかりです。世界を動かす大きなトレンドでも、複雑な解説を要するものは、あまり報道されません。私たちは自分の生活が誰に支えられ、それにどう応じるかについて、自ら情報を求める必要があります。

まとめ

・地球の危機は人類が作り出した状況。
・世界的に環境保全の必要性が認識され始めている。

第３節●東京五輪と「ＳＤＧｓウォッシュ」

日本で法人登記している企業は約３８０万社ですが、企業活動は人や社会に価値を生むプラス面と、資源を消費したり廃棄物を出すなどのマイナス面の両方で成り立っています。

今後、資源の循環が市場参加条件になり、安易な焼却処分が禁止されれば、マイナス面の社会コストが浮き彫りになり企業の評価に反映されます。

生き残れる企業は、「より少ない資源・より大きな顧客満足・より少ない廃棄」を実現できる会社ということになります。今までのような「大量生産・大量消費・大量廃棄」を続ける会社は淘汰されていきます。

1　グリーンウォッシュ、ＳＤＧｓウォッシュのリスク

森林破壊に注目が集まると、企業の中には環境負荷を改善することなく、一時的な「植林活動」などを行い、アピールするところがあります。自分たちの環境負荷を覆い隠し、〝地球に優しい企業〟であるかのようにアピールする、うわべだけを取り繕う行為を「グリーンウォッシュ」と呼びます。

実際に、植林の実態を調べてみると、重機で整地し、単一樹種を全域に植えたため、かえって本来の植生や生態系を乱す事例もあります。

ＳＤＧｓでも「ＳＤＧｓウォッシュ」、すなわち、ＳＤＧｓに取り組んでいるというアピールをしながら、実態は、ＳＤＧｓの理念に反するような行為も散見されます。

2　東京オリンピックはＳＤＧｓウォッシュか？

東京オリンピックの開催が決まり、大会組織委員会は「持続可能な大会運営」に早くから取り組んできました。

新型コロナウィルスの感染拡大の最中だったため、オリ・パラ開催の是非は国民を二分しました。プロセスの透明性が問われる中、ＩＯＣが権利行使する形で両大会は強行されましたが、ＳＤＧｓの理念に背くような行為が次々と明るみに出てきました。

森喜朗会長の女性蔑視発言に始まり、13万食にも及ぶ仕出し弁当が大量廃棄されました。米国大手メディアＮＢＣの都合で、猛暑の期間に開催を強いられたのも、アスリートや国民の声には配慮を欠いた判断でした。そしてついに、元理事と企業の贈収賄事件まで起こったのです。

オリンピック、パラリンピック大会で、持続可能性を最初に掲げたのは、２０１２年のロンドン・オリンピックです。ショーン・マッカーシー氏が持続可能性委員会を立ち上げ、ロンドン市長のＲ・ギフォード氏に実施計画の改善を迫ったのです。自然エネルギーの利用や選手村で使う食材に国際認証品を指定し、建設資材では内装、紙に至るまで、オリンピックを機会に持続可能な社会への回帰を促したのです。

(1) 中途半端な調達方針

五輪大会では、「持続可能な調達方針」を掲げ、エネルギーや資材、食材などを選定します。環境や社会に問題を生むようなものは用いないというルールです。

東京大会でも同様の調達方針を掲げていましたが、取り組みは不十分でした。例えば、パーム油では、国際認証がありながら、生産国の政府が独自に掲げる認証を容認しました。インドネシアやマレーシアなど環境や労働面での問題が未解決のまま当事国の認証制度を採用すれば、日本は「価格と品質以外の社会課題には配慮しない国」という不名誉なレッテルを貼られます。

とりわけ海洋水産物の調達については、資源管理の効果が証明されていなくとも、「計画が策定されている」だけで調達基準を満たすという酷さでした。これは海産物の一人当たり消費量が世界トップクラスの日本としては、無責任と非難されても反論し難い施策でした。

(2) 誰のための五輪か

東京オリンピック開催の是非を巡っては、政府の新型コロナ感染症対策分科会からも、見合わせるべきとの意見が出されました。しかし民主主義の主権者たる国民を巻き込んだ議論はなされず、政府は開催に踏み切りました。

開催国としてはPCR検査体制の整備、関係者のワクチン接種、十分な臨時病床とスタッフの確保をしなければ、海外のアスリートを呼び込む資格はありません。完全無観客での開催判断は妥当でしたが、友人宅などに集まってスポーツ観戦に興じた人などを通じて感染者が急増。その多くは、収容先の病院や施設が見つからず自宅待機を命じられたのです。国民皆保険により、医療サービスを受けられる前提で納税してきた国民が、五輪大会を巡って行政への不信感を募らせました。

(3) 弁当大量廃棄

開会式では無観客、列席者も950名まで削った一方で、4000人分の弁当が廃棄されました。発注は2週間前まで変更できたにもかかわらず、なぜそうなったかは不明です。

さらに実態を追及すると、大会期間中では実に13万食もの弁当を廃棄していたのです。税金の無駄以外でも、苦心して作った方や、猛暑の中届けた方、会場ボランティア、コロナで飢餓に押し戻された人々の気持ちを思うと大変残念です。

「持続可能な大会運営」を掲げた東京オリンピック・パラリンピック大会は、不要になった携帯電話等を都民が供出し、「都市鉱山からの資源回収」として金・銀・銅メダルにアップサイクルされました。期間中の電気も、再生エネルギーを有効に使い、化石燃料を用いずに運営され、ロンドン、リオ・デ・ジャネイロ大会を上回るクリーンな大会と言われました。選手村のベッドも再生段ボール紙の組み立て式ベッドで、森林資源のリサイクルと好評を博しました。

こうした多くの先進的な取り組みがあっても、一部の配慮を欠いた行いがあれば、成果が陰ってしまうのは残念です。企業のＳＤＧｓの取り組みにおいても、社員一人ひとりが考え、自ら行動を律することが何よりも大切です。

まとめ

・ＳＤＧｓの理解を深めて、本質を見抜く。
・中途半端な取り組みは疑念を招く。

インドネシア・リアウ州の森林伐採現場
パーム油や天然ゴムの大規模栽培のために皆伐が横行し、
合法ではあっても持続可能とはほど遠い状態になっている。

日本ノハム協会主催チャリティーコンサート
神田代表（左）、アンバサダーのYaeさん（中央）、著者（右）

第2章

SDGsとサステナブルな社会

第1節●地球は1つ。しかし価値観はそれぞれ

1　価値観の多様性

海外で移民が多い大都市に住んでみると多様性を実感します。幸運なことに私はそういう街で働く機会に恵まれました。最初の赴任地、サウジアラビア王国の商業都市・ジェッダは、中近東やアフリカのみならず、世界中からオイルマネーを求める人々が集まる街でした。外国人労働者は当時のサウジの人口1300万人の約3割を占めていましたが、就労ビザが3年で失効するため、夥（おびただ）しい数の労働者が入れ替わります。彼らが帰任する際には、帰国免税枠を使って山ほどのお土産を買って帰ります。サウジには基本的に輸入関税が無いので、欧米や日本製の家電製品、貴金属、服や化粧品などを限度枠一杯まで買い漁り、持ち帰った品々の一部は再販売するのです。

気候の厳しさや宗教上の規制が多いものの、イエメン、シリア、レバノン、ヨルダン、エジ

プト、チュニジア、パレスチナなどの中近東諸国に加え、スーダン、ケニア、ソマリア、エリトリア、エチオピア等の東アフリカ諸国、さらに中国、韓国、タイ、インドネシア、バングラデシュ、フィリピン、インド、パキスタンなどのアジア諸国から来た多くの労働者でひしめき合っていました。これだけ多くの国々から文化も言語も教育レベルも違う職員を束ねるのはやはり大変です。権力で部下を抑えつけたり、お金で従わせるマネジメントでは長続きしません。

相手の立場も考え、納得するまで丁寧に説明しないと仕事をやってもらえません。外からの赴任者は、たどたどしいアラビア語やジェスチャーで説明したり、イラストも用いるなど創意工夫の毎日です。

サウジはイスラム教の宗主国で、宗教警察が絶大な権力を持っています。1日に5回行う礼拝の際は仕事を中断し、営業中の商店やレストランもいったんドアを閉めます。信仰で育まれる一体感や相互理解など、多くのメリットがあることを実感しました。

イスラム圏では女性の人権や自由が抑圧されていると指弾されますが、その背景には部族間の争いが絶えなかった時代、戦争未亡人を路頭に迷わせないための配慮もあったようです。公開処刑などは直視に耐えない残酷な刑罰ですが、自国の価値観だけで駐在先の価値観を判断するのはフェアではありません。まずはお互いを認め合った上で話し合ううちに、少しずつ理解が深まります。

イスラム世界の「シャーリア法」も、日本では「目には目を」と報復を正当化するかのように誤解されますが、私が聞いた解釈は「相手の目を傷つけたら自分の目を差し出す覚悟を持て。よって暴力は慎むべき」ということでした。理解が深まれば、慣習も意味あるものに思えてきます。断食月のラマダンは、貧しい人、飢餓に苦しむ人々の辛さを体感するために実施します。夏は45℃にも達する日中、飲み物すら口にできない断食は想像以上に苦痛でしたが、妊婦や病人などは除外されるという寛容性も備えているのです。

日々このような環境で働いていると、自然と多様性の価値に気が付きます。「アラブ人はこうだ」というステレオタイプの偏見が、間違っていることも分かります。人は個人レベルではまったく違いますし、よい点を探して協働すれば、強いチームとして成長していけるのです。

2　異なる国でも人間の基本的な希望はほぼ同じ

当時勤めていたソニー株式会社で、私は自分のキャリアプランとして、上司や海外人事部にはArabist（中近東ビジネスの専門家）は目指さず、世界中どこでも通用するよう勉強したいと訴え続けました。その希望が叶い、次の赴任地はカナダのトロントと決まり、現地間移動で着任後約6年間を北米で暮らしました。サウジと天候が真逆で、緑豊かな極寒の街でした。「米国から銃と麻薬を除いた国」と言われるカナダ。当初はサウジとの気温差が約60℃あり、人体実験さながらの環境変化でした。シナゴーグ（ユダヤ教会）とモスク（イスラム寺院）が隣接しているのには驚きましたし、香港からの移民が作った中華街は活気に満ち、ウクライナ系の200万人を筆頭に東欧からの移民人口は600万人以上。カナダは出身国の文化を尊重し合うので、Hybrid Community（混成社会）と呼ばれ、豊かな自然と充実した社会福祉と教育制度。子どもの将来を考えれば、寒さを厭わず移民が後を絶たないのも納得できます。

その後もモスクワ、ベルリン、サンパウロと私の赴任地は多彩で、思い出は語り尽くせません。赴任当初は日本との違いや前任地との違いに驚かされますが、世界を渡り歩くにつれ「人類共通の幸せ」とは何かが見えてきたように思います。

どこで暮らしても、「日本人」であることは大きなメリットでした。真面目で勤勉、高品質の工業製品や、敗戦からの奇跡的な復興、そして何よりも武器を輸出しない先進国であり、オリンピックやノーベル賞で輝かしい成果を残したことなどが日本人のイメージを形作る要因なのです。これは大きな国民資産として守りたいものです。

プーチン大統領のウクライナ侵攻は許されざる国際法違反です。しかし、それがロシア国民の意志とはかけ離れた決断であることは、知っておかなければなりません。ロシアは14もの国と陸続きの国境を接する広大な国土を持ち、NATO諸国と中国に挟まれ、枕を高くして寝られる日は一日もないという意識は、モスクワに住んでみて初めて知りました。ロシアが市場経済に移行する際には大きな混乱が続き、新興財閥が旧国営企業を略奪し、警察や情報機関は不信と恐怖の対象でした。そして1989年8月17日、ロシア通貨の「ルーブル危機」で、これらの鬱積が一気に噴き出したのです。39歳の私は初めて海外販売会社の社長に就任したばかりで、社員の名前を覚える間もなくリストラ、債権回収や在庫調整など危機管理に奔走しました。ここで苦労を分かち合い、翌年には正常化に漕ぎつけてくれたロシアの同僚たちには今でも感謝の念でいっぱいです。

ドイツにはまったく新しいミッションで異動しました。それは欧州連合の通貨統合を1年後に控え、欧州17カ国にあるソニーの販売会社を統一し、欧州全体を商圏として汎欧州量販店とビジネスをするという構造改革でした。本来ならコンサルタント会社の協力を求めるところですが、世界で前例のない規模の通貨統合であり、どこにもエキスパートなどいません。販売会社や製造事業所をワン・プラットフォーム化するという複雑なプロジェクトながら、ソニーヨーロッパのマネジメント5名のチームで実行することになり、そこに編入されてしまったのです。

ソニーヨーロッパの新本社はベルリンの中心部、ポツダム広場に新設されました。ドイツはルールを重視し、社会統制が厳しい国です。安心安全である一方で、窮屈にも感じました。「秩序が多様性を許容する」という考え方や、仕事よりも人間らしい暮らしを優先する「ライフ・ワークバランス」など、ドイツでは多くを学びました。

海外駐在員生活の締めくくりはブラジルになります。5カ国目とはいえ、やはり不安はありました。子どもたちが志望通り私立の中学と高校に通っていたため、初めての単身赴任だったのです。ソニーブラジルはリーマンショックで販売不振に喘いでおり、経営赤字も大きく、社員の不安や不満もピークに達していました。若者の活力に溢れた開放的な国ながら、経営再建には突破力が必要でした。アマゾン州の奥地にあるマナウス工場では稼働率低下で、人員削減は避けられないと見られ、貧乏くじと承知の上で着任しました。

しかし、住めば都の言葉通り、ブラジルは多様性と無限の可能性を持つ国で、前向きな若いリーダー候補が多いことを再認識しました。ソニーがブラジルで業績を上げるだけではなく、ブラジル社会から見てソニーが必要不可欠な会社になるとはどういうことなのか、それを理解して正しく執行すれば利益は付いてくると考えるようになりました。ブラジルの長期社会ビジョンとこれを担う現地人リーダーの育成が喫緊の課題と気付き、ターゲットを絞り込んだのです。振り返ればブラジルにはＳＤＧｓの要素が多く実在し、政府やＮＧＯの力だけでは解決には至らないように感じました。

家電製品は高い輸入関税により他国の2倍近い価格で売られていました。低所得者が長期ローンで購入すると、貸付金利も非常に高いため、さらに2倍近い支払総額になります。それは高利貸しが家電量販店の看板を掲げて商売をしているようなものです。貧富の格差に縮まる兆しはなく、その理不尽さは目に余りました。

サッカーでは超一流のブラジル。ビジネスにもその要素を取り込み、個性を生かしてチームで挑戦を楽しめれば、期待を遥かに上回る成果を生み出します。多くの若いブラジル人リーダーが育ちました。ソニーを卒業してからさまざまな業界に移り、彼らが経営者として活躍する姿を私は誇らしく思い、尊敬しています。海外で多様な仲間と働いて得られた価値観は、私の人生で何ものにも代えがたい資産となりました。

3 「知らない、見ない」で世界は持続不可能になる

私たちの食品や衣料、靴や日用品の多くが海外から輸入されています。しかし、海外の生産現場が、どういう状態であるか、関心を持つことはほとんどなかったでしょう。私たちは商品が手頃な価格で売られていれば、「経済合理性」で判断して購入します。私たちの消費が世界

各地でどういう影響を与えているかは考えないのが普通です。

「無料ティッシュの陰で、オランウータンの親子が住処を追われています」と言われても、「何それ⁉」と思うでしょう。お寿司を食べている時に、「あなたが食べているサーモンが、パタゴニアの自然を壊している」と言われても、返答に窮してしまいます。

現実問題として、私たちは「知らされていないが故に」、罪の意識なく社会問題や環境汚染に加担してしまうことがあります。そういう話をすると「意識高い系ですね」と茶化されたり、「それは当事国の政府が対処すべき問題だ」と答える人が多いのも事実です。「世界の課題を見ずに済ませる暮らし」に安住してきた私たちは、急にサプライチェーンの末端の問題を突き付けられても困ってしまいます。

世界人口は第2次世界大戦以降に3倍に急増し、多くの人は「見ずに済ませる暮らし」を続けて「持続可能ではない社会」を作り上げてしまいました。岐路に立つ私たちはいま、「知ることに努め、自ら改善に参加する時代」に入っていることに気づく必要があります。

4　国際社会は196の不揃いの輪が繋がったチェーン

世界には200近い国や地域があります。第2次世界大戦直後は50カ国くらいでしたから、実に4倍もの国家主体が、地球課題の解決に関与しているのです。議論でも決断でも実行でも、これほど多くの国が参加するのは大変なプロセスです。

ニューヨークの国連本部には加盟国の旗がずらっと並んでいます。どの国の旗も同じサイズで、多様性といえば、デザインや配色にすぎません。しかしそれは各国の経済力や社会の実態を推し量るものではありません。

地球はその表面も内部も、常に変化し続けている大きな生命体です。私たちはその地表に200近い境界線を引き、その「輪」を繋ぎ合わせ、「鎖」のような国際関係でお互いを支え合っています。200名近い生徒が詰め込まれた教室を想像してみてください。小集団で輪を作ったり、大きなグループを求めたり、一人で佇む生徒もいる。それが国際社会の実態です。誰もが誰かの影響を受けています。これが私たちの「人間社会」です。

英語の格言で〝chain is as strong as weakest link〟があります。「鎖の強さは一番弱い輪の強さを超えない」という意味です。アメリカや中国のような大きく強い輪もあれば、細くて弱い輪もあるでしょう。国際社会の鎖も、小さな国、貧しい国を放置したままでは強く安定はしないのです。

気候変動やパンデミックなど、大きな危機に直面したら、弱い国ほど被害を受けます。先進国は対処できても、多くの国々は壊滅的な打撃を受ける可能性があります。それを放置すれば、いずれ鎖は破綻します。一部の国の問題は、強い国にとっても死活問題となり得るのです。

図表3　世界とは

同じ輪の繋がりではなく

多様な輪でできた鎖
（上はフリー素材、下は日本ノハム協会作成）

皆さんは「紛争鉱物」という言葉を聞いたことがあるでしょうか。それはコンゴ民主共和国およびその周辺国において問題となった、人権抑圧や強制労働、性犯罪を伴った資源採掘の問題です。一部のアフリカ地域では、人々が奴隷さながらに鉱物資源の採取に従事させられ、掘り出された鉱物資源の多くは電子機器、コンピューターなどに使われていました。２０１０年に米国で制定されたドット・フランク法はこうした資源の利用を禁止したのです。各社は自社製品にそのような材料が紛れ込んでいないことを証明せざるを得なくなり、市場は一時大混乱に陥りました。

米国に輸出できず、欧州はさらに規制が厳しいとあって、スズ、タングステン、タンタルなどの地下資源で産地や入手経路をトレースできないものは、生産を控えざるを得ず、結局これらは世界中で使用できなくなりました。経済制裁は国が発動する外交政策の1つですが、民間企業でも、社会正義に反する行為には加担させないという動きが、社会通念として広がりつつあるのです。

5　企業も社会利益を考える時期

企業においても、誰かが不正を行えば、社会からの批判は会社全体に向けられ、誰か一人が過労死に追い込まれれば会社の労務管理の不備とされます。企業の対応次第では、会社消滅のリスクにも発展しかねません。

多様性を生かしながら、全体の秩序と調和を図ることは容易ではありません。管理職が単なる出世ではなく、ピープル・マネジメントという重く複雑な役割を担うことが認識され、昇進を目指さない社員が増えているのは、別の意味で困ったことです。

他人に対する好奇心、思いやりと情熱さえあれば、仲間はついてきます。これからの企業は利他の精神や社会全体の利益を考えるように変容していく必要があり、求められるリーダーシップもまた変わっていくのです。

まとめ

・196の国と地域、それぞれにそれぞれの価値観がある。
・しかし、違う価値観を持っていても「希望」は同じ。

第2節●世界一サステナブルな国「ニッポン」

ＳＤＧｓの普及に伴い、サステナビリティが企業の評価指標に加わることは、日本にとっては有利な変化と考えています。ただあえて強調すべきは、ＳＤＧｓが日本にとって有利な変化をもたらすのではなく、経営者と社員の協力で、**有利な変化点とすることができる**という点です。それは日本人が長い歴史を通じ、常にレジリエンス（復興力・回復力）を発揮し、多くの困難を克服してきたことからも明らかです。欧米列強によるアジアの植民地化への抵抗や、敗戦からの復興、科学技術立国・貿易立国としての高度経済成長など、多くの歴史的事実がそれを証明しています。

残念ながら、東日本大震災からの復興には大変苦労していますし、新型コロナ感染症の対応でも日本が卓抜した成果を収めているわけではありません。しかし日本がＳＤＧｓの取り組みを通じて、サステナブルな社会ビジョンを提起し、国際ルール形成に貢献していけば、日本の将来は光明を取り戻せると思います。世界が相互依存のメリットを探求し、共存共栄を希求するほど、日本への関心は高まり、パートナーシップ強化に繋がります。これこそが日本の進むべき進路と考えます。

１　世界に誇るサステナブル企業が集結するニッポン

ウィキペディアでは英語で「ＳＨＩＮＩＳＥ（老舗）」が検索できるようになりました。老舗の定義は、創業以来１００年以上続いた商店や企業などを指すと解説されており、しっかりとした経営理念によって社会的信用を守り、何世代にもわたって存続する企業と結んでいます。日本では１００年以上続く会社が３万３０００社以上と、世界の４割を占め、創業２００年以上続く企業も１３４０社で、世界の65％も占めています（２０２０年）。

これは同族経営や、優秀な幹部（番頭）を育てて重用する経営哲学によるとの分析もあります。同様にイタリアやフランス、英国、スイス等でも創業以来長きにわたって続いてきた革職人や服飾、宝飾や時計などに老舗が存続しています。王室御用達など権力者の庇護を受けてきた老舗もあれば、類を見ないデザインや技術水準で、付加価値を付けてきた事業家も多く見受けられます。日本に老舗が多いという事実は、日本の経営思想に、持続可能性を尊ぶ側面があるからではないでしょうか。

日本企業には「経営理念」や「社是」「社訓」などがあります。企業の存立意義や事業目標、行動憲章に関わるメッセージが込められています。英語の Mission Statement、Vision や Corporate Philosophy などに相当します。

社会資本を集め事業を興す意義や目的、そして何を社会的価値として提供するのかが明確に伝わっているか、改めて点検する必要があると思います。

持続可能な社会は、国益を最優先する政府だけでは実現困難です。国連がＳＤＧｓを創案し、サステナブルな企業を招き入れ、その知恵と資金力、人材を取り込んで理念を実現しようというのは戦略としては前例を見ない秀逸さです。

企業を動かすには、その資金提供者である金融界の社会的責任の自覚と行動変容が欠かせません。資本を託す機関投資家や個人株主、事業リスクを軽減する保険業界、そして運転資金や事業再編を支援する銀行業界などの積極的な参加が不可欠です。

そこで国連は、投資家・保険・金融機関の3分野それぞれが、社会のサステナビリティを理解し、従来の金融サービスを見直して、より公益に資することの重要性を訴えたのです。

国連は１９９０年代からの議論を経て、２００６年の責任投資原則（ＰＲＩ）、２０１２年の持続可能な保険原則（ＰＳＩ）、そして２０１９年の責任銀行原則（ＰＲＢ）の３原則によって現在のＥＳＧ投資（環境・社会・企業ガバナンスを重視した金融）を推進してきました。

金融界がこぞってサステナブル企業の支援に向かう中、「何が本当のサステナビリティなのか」という議論が湧き起こります。

例えば「鉄筋コンクリートの防潮堤は、本当に津波を防げるのか、環境面では問題があるが、サステナビリティ投資と言えるのか」とか、「国際認証品の調達はコストがかさみ、業績に対してはマイナス要因では」など、当事者が悩んでしまう場面が散見されます。そこで統合報告書の普及を

図表４　社会を変える“世界の大きな変化”

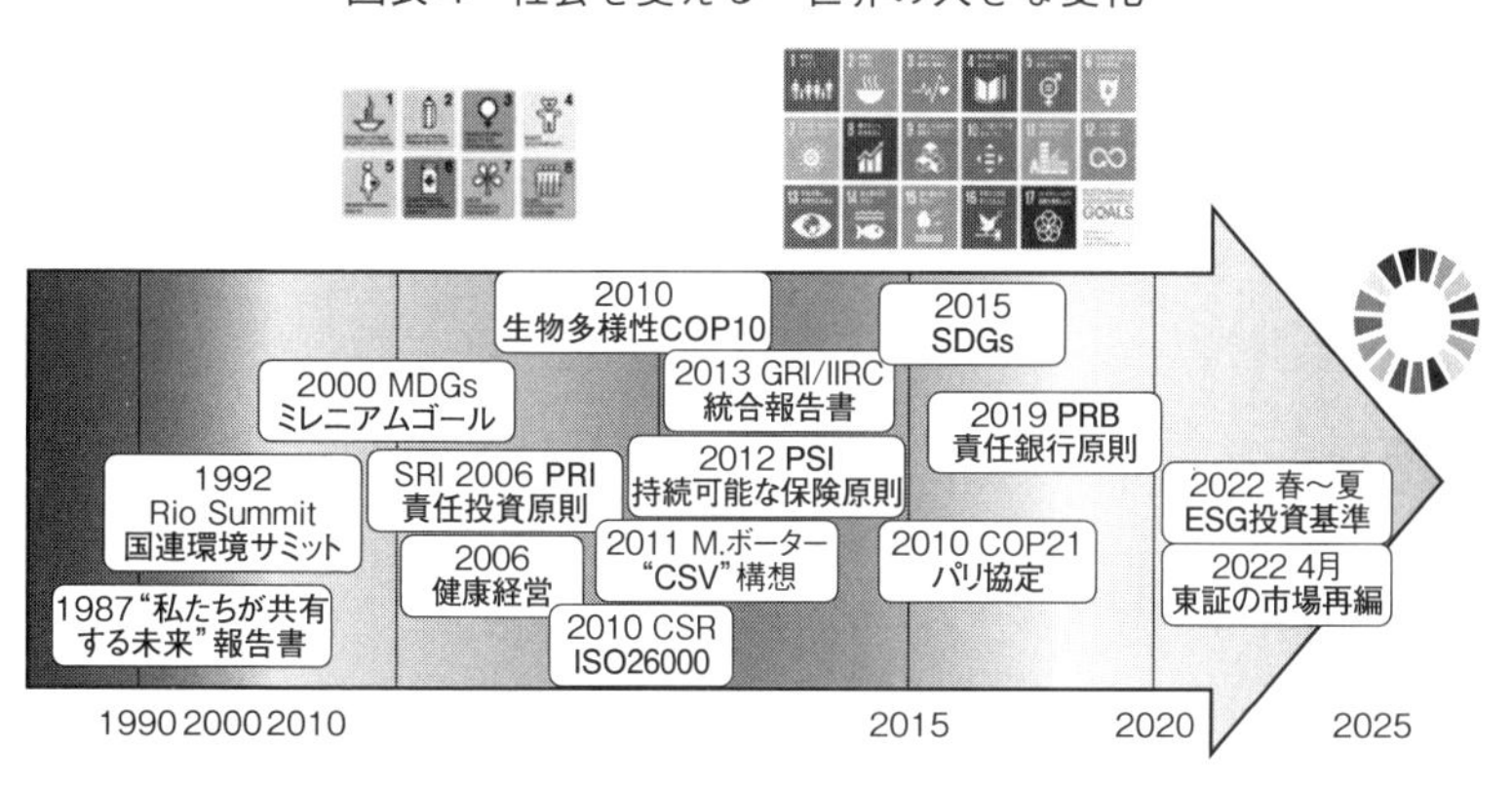

（著者作成。上段のSDGsと目標のアイコンは国連ホームページより）

促してきたＩＩＲＣ（国際統合報告評議会）や、ＳＡＳＢ（サステナビリティ会計基準審議会）、ＧＲＩ（グローバル・レポーティング・イニシアチブ）などの団体が協議し、ＥＳＧ投資の審査要件や、投資適格性評価基準が議論され、ＷＩＣＩ（知的資産を生かした企業経営を提唱する国際機関）や日本の投資顧問会社も議論に参加して統一基準作りが進んでおり、企業のサステナビリティを測る世界共通の物差しが提示されると思います。

信頼できる共通の評価基準があれば、企業情報に対してサステナビリティを評価しやすくなり、企業はこれに基づいてステークホルダーと対話することが不可欠となるでしょう。社会の持続可能性に配慮しない企業よりも、サステナビリティに寄与する企業に人・モノ・金・情報などが優先供給されることが望まれます。「きれいごと」を実直に実践する企業が成長できるよう、各セクターの協力が期待されます。

2　ＳＤＧｓ誕生に至った背景

２０００年9月、国連は「ＭＤＧｓ＝ミレニアム開発ゴール」を打ち出しました。21世紀を迎えるにあたり、世界の課題を８つの分野に分けて各国政府に解決への協力を呼びかけたのです。ＭＤＧｓは当事国が計画を立て、支援国が積極的に協力したことで、一定の成果を上げたと評価され、ＳＤＧｓの基盤となりました。

日本政府は１９９３年から開催を続ける「アフリカ開発会議」を通じ、５年ごとにアフリカ諸国の首脳やＥＵなどの支援国、国際機関の代表などを集めて貧困の解消や医療・教育アクセスの改善、投資やビジネスの促進に向け世界をリードしてきました。一例として、味の素は乳幼児の栄養改善のためにＫｏＫｏＰｌｕｓという栄養補助サプリを開発するなどして、ＭＤＧｓを側面支援してきたのです。

２０１５年９月のＳＤＧｓの起案にも日本は積極的に関わってきました。当時、日本の国連大使であった吉川元偉現・日本ノハム協会理事は、その理念の実現に努めています。

国連が世界各国の政府や企業に向け、まずはこの地球の上で生き続けられることを最優先し、助け合い、貢献し合う「協創の時代」を提唱したことは、大変意義深いと思います。欧州各国は以前、アフリカやアジアを植民地として支配していたので、「宗主国」としての意識が色濃く残っています。言葉が通じるので旧植民地からの移民も受け入れざるを得ませんが、旧植民地の国々が発展して、新たな市場になることを期待しています。逆にそれらの国々が不安定なままでは、今後さらに移民や難民が押し寄せ、自国の労働市場や社会福祉、治安などにも大きな影響を被ることになります。欧州が他の地域よりもサステナビリティに取り組むのも、こうした背景と現実があるからかもしれません。

3　ＳＤＧｓのこれまでの進捗

ドイツの「ベルテルスマン財団」が中心となり、国連の「持続可能な開発ソリューション・ネットワーク（ＳＤＳＮ）」という機関を通じて世界各国のＳＤＧｓの取り組みについて調査・報告をしてきました。２０２２年６月に刊行された『持続可能な開発に関する報告書２０２２年版』によれば、各国政府が新型コロナ感染症の対策に奔走した結果、ＳＤＧｓは過去数年で改善が見られた領域でも、停滞や後退が見られます。

同盟国アメリカはトランプ政権の誕生以降順位を下げ、今では41位にまで凋落し、持続可能性においては先進的リーダーとは言い難い状態です。

また、昨年も指摘された、グーグル、アマゾン、メタ・プラットフォームズ、アップルなどのグローバル企業の恣意的な法人税回避策は、ＳＤＧｓの推進を阻害するものとし、大企業がタックス・ヘイブンに逃げ込めないように国際社会で脱税捜査連携が生まれています。

ＳＤＧｓはコロナ・パンデミックで僅かに後退しました。しかし、国際社会は遅れを挽回すべく意欲的に取り組んでいます。プーチン政権によるウクライナ侵攻はコロナ禍に追い打ちをかけるような不安材料となりましたが、ひるんでいる猶予はもはやないのです。むしろパンデミックやウクライナの復興にこそＳＤＧｓが大きく貢献するとの理解が重要です。不屈の精神で「よりよい社会の建設（Build Back Better）」や、「よりよい未来に向けた建設（Build Forward Better）」という考えに則り、世界の連帯を強化していけば挽回は十分可能です。

４　日本のＳＤＧｓ進捗度ランキング

日本におけるＳＤＧｓの取り組みは、スコア上は79・8から79・6に後退し、国別の順位も、２０１７年の11位を頂点に、２０２０年17位、２０２１年18位、２０２２年は19位と毎年後退し続けています。

２０３０年の目標達成が危ういとされた日本の取り組みは、６つあります。「ジェンダー平等（＃５）」「責任ある生産と消費（＃12）」「気候危機対策（＃13）」「海の保全（＃14）」「陸の保全（＃15）」「パートナーシップ（＃17）」などの分野です。

またデータ未整備で評価不能とされたのは「不平等の削減（＃10）」で、過去にも指摘され続けた挙句、情報不足に陥るのは不名誉です。

日本企業が至急改善すべきは、「責任ある生産と消費（＃12）」で、とりわけ海外依存度の高い日本は、パートナー諸国からの信頼に陰りが見えては国家の危機に直結します。

日本がリードすべき課題は他にもたくさんあり、海外で起きている問題や国内の同質の問題に対し、行政やNGOと協力して取り組む必要があります。喫緊の課題としては以下が挙げられます。

①2030年のCO_2排出量46％削減の目標を業界別に、公平かつ透明性のある手法で配分し、自然エネルギー比率の向上に国を挙げて取り組むこと
②企業の性別採用数、昇格率、賃金比較の開示と中期目標の設定、計画の明示
③妊娠・出産・育児から正規雇用での復帰、業務の選択機会の保障
④相対的貧困の減少と所得格差の改善（パルマ指標）
⑤海洋水産資源の持続可能な管理と利用
⑥充電池など、新たな環境汚染の可能性の把握と代替資材開発やリサイクル
⑦生物多様性保全に向けた淡水域・海域・湿地の保全目標と計画の立案
⑧石炭火力発電など座礁資産化しうるプロジェクトへの支援や融資の禁止

特に日本はアジア諸国へのマイナス波及効果「スピルオーバー・スコア」が問題視されています。日本の持続可能性を向上させるために、アジア諸国の持続可能性を損なうような案件への融資や政府援助は許されず、人権問題の黙認は、偽善との非難を招きます。もともと持続可

能性に優れた国でありながら、ＳＤＧｓランキングで19位に後退しているのは国としてのリスクである、と気付くべきなのです。

日本は、焦らずに着実に改善していけば大丈夫です。ランキング上位国を見ると、北欧など成熟した都市型国家が多く、人口１億人以上の国は上位20位以内には日本だけです。上位のドイツは、「緑の党」という環境保護で勢力を拡大した党が連立政権の中枢を担っており、すべての原発の廃炉を決めたり、２０３０年には化石燃料の新車販売を禁止するなど、欧州でも大胆な政策を打ち出しています。その他、英国や仏国、スペインなど４０００万人から６０００万人の国民を有する国々も政権与党がサステナビリティを成長の糧にしようと国家と企業の強い協働体制を築いています。日本もこれから奮起すればリーダーの一人として復帰できるでしょう。

日本はアジア太平洋地域という、21世紀の成長を牽引する重要なエリアの東端に位置しています。諸外国から見て、信頼できるリーダーとなり、持続可能なパートナーとして連携を強化することがこの国の生命線となります。

5　ＳＤＧｓの正しい理解と取り組みに向けて

ＳＤＧｓの創成期は、外務省や経済産業省などが国際貢献策としてグローバル企業に参加を働きかける、そんなイメージだったかと想像します。それが多くの企業経営者やＮＧＯ、受験生、就活生、さらには小・中学生までもがその意義を理解し、取り組みを始めていることは、人間が持つ「異常探知センサー」や「修復力」の高さを示す証ではないでしょうか。

私たちはＳＤＧｓが社会を着実に修復していけるように、社会制度や経営に取り入れていかなければなりません。そのためには日本において、大企業はもちろんのこと、中堅・中小企業や零細企業、個人事業主に至るまで、あらゆる人がこの取り組みに参加する機会を得られるべきだと考えています。私はそれが日本ノハム協会の使命であり、生き甲斐であると思っています。

「社会から見て成長させたい企業」を目指すことで、持続可能な社会と企業の成長はうまくシンクロナイズできます。逆に人や自然環境を傷付ける事業には、社会の厳しい目が注がれ、資金は断たれ、採用も行き詰まり、離職率が上がるでしょう。金融界の変容は着実に事業の選別を加速します。

民間企業が事業の目的に公益性をもっと取り入れ、消費者がそれを理解して応援すれば、企業の成長と社会の改善は相似形となるでしょう。それが21世紀の企業経営者に託された使命です。

6　価値観の強要

企業経営者の中には、歴史を学び直す人が大勢います。危機に直面したリーダーがどう判断を下したか、その思考方法を探るためです。歴史を追体験することで、自ら重要な判断を下す事態に備えたいと思うからでしょう。

しかし、そういう努力を積み重ねても、常に正しい判断を下せるとは限りません。それは、時代の大きな転換期には、必ず価値観の変化を伴うからです。今までタブーとされてきた考えや行動が、新たな課題を解くこともあるからです。

成功体験を積み、位階を極めた人は、自分の価値観に合わない考えを受け入れることができず、自分の意見が支持されなければ屈辱さえ覚えることがあります。海外に進出した企業ではよく「日本式経営」の押し付けが見られます。

しかし、時間厳守や提案制度などは無理強いしても、定着し難い国もあります。

生まれてきた時からモバイル機器を使いこなしてきた世代との対話でも、私たちは自身の価値観を押し付けていないか注意すべきです。

では、どう接すればよいのか、教師や上司も悩むところです。秘策はありません。目も耳も2つずつありますが、口は1つですので、まずは傾聴を心がけ、相手の価値観を否定せず、よく理解すべく対話に持ち込んで頂きたいと思います。

まとめ

・本来、日本は世界一サステナブルな国である。
・しかし、SDGsの進捗ランキングは後退している。

第3節●世界の中のニッポン

1　辺境の国と世界の多様性

極東とは、世界の中心であった欧州から見た位置を示します。ロシアの東端の都市・ウラジオストック（Владивосток）は「東方の覇者」を意味します。日本は東端の島国として、国土防衛上の優位性と引き換えに不利な点もあります。海は文化交流には大きな障害となりました。四季は、季節の移り変わりの中で「人が自然の恵みの中で生かされている生命の一つ」であるという「自然との一体感」を醸成しました。変化に乏しく、過酷な砂漠やツンドラ地帯では、自然は人間が対峙し、克服すべきもののようにとらえている国も少なくありません。

「自然に育まれて生きる」という日本人の考え方は、持続可能な世界を求めていく上で貴重です。発展途上国を侵略し、植民地化し、厳しい統制下で資源を奪いながら成長してきた文化とは何かが違います。日本もアジアを欧米支配から解放し、共栄圏をつくると言いながら、途中から支配に転じ、侵略行為に繋がったのは事実ですが、長期間にわたって他の国を隷属してこなかったこと、また敗戦国として焦土から立ち上がり、勤勉と技術、海外志向で復興を果たせた史実は誇るとともに今後に生かすべきです。

世界の多様な人種、歴史、文化、価値観と共生していくのは容易ではありませんが、日本のパスポートの価値は、スイスやカナダと並んで世界でもトップクラスです。日本人に対して警戒心や憎悪を抱く人は滅多にいません。日本人の長所は伸ばし、欠点や、誤解されやすい行為には注意が必要です。日本人や日本社会の長所は主に以下のようなものだと感じます。

・勤勉、責任感、時間遵守、組織力、技術応用力、最適化、謹厳実直、海外ネットワーク、名誉の尊重、おもてなしの心、惻隠の情、匠のこだわり、謙譲、道徳心

また日本人が改めるべき特徴も挙げてみると、決して少なくはありません。

・平和ボケ、正常バイアス、行政依存、戦略構想力の欠如、イニシアチブが希薄、消費志向、権威主義、同調圧力・予定調和、没個性、日和見主義、事なかれ主義、希薄な信仰心

日本人をステレオタイプで括ったり、個人差を蔑ろにするのはよくありませんが、日本に暮らしていると、どうしても日本の習慣や価値観に支配され、そこで快適に生活するには、適度に順応する方が楽に生きられます。私たちは日本の言語や地理的特殊性を考え、海外の視点で

客観的に見る必要性も認識しておかねばなりません。

社内の構造改革に取り組んだ欧州駐在時代に、私は同僚との激しいディベートに明け暮れました。夕食も忘れて議論が白熱し、緊迫した空気が会議室を支配します。私が主張を引っ込めないと、「君は全然日本人らしくない」と呆れられ、粘り強く打開策を探ると、「さすが日本人だ」と褒められました。そんな時、私たち日本人がどのようにイメージされ、何を期待されているのかを肌で感じます。欧州では安易な妥協はかえって信頼を失い、主張と議論を通じて尊敬を勝ち得ます。「日本人には公平で誠実に議論をリードする使命がある」という上司の励ましには、大いに背中を押されました。

2　国際ルール形成への道のり

私が入社した1982年の晩秋、日欧の貿易収支不均衡を背景に、欧州のVTRメーカーのフィリップスやグルンディッヒなどが、EC・欧州共同体に対し、日本のVTRメーカー13社をダンピング疑惑で提訴しました。ソニーでは国際通商業務室に特別対策チームが作られ、私も海外事業本部からチームに派遣されました。新人の私に大した貢献ができるはずもなく、資料整理やコピーが精一杯でしたが、あの時の緊迫感は忘れられません。8時間の時差がある欧州の販売会社とは、日本時間の午後5時から日付が変わるまで、白熱した議論や交渉が毎日のように続くのです。帰宅は午前2時を回ることも珍しくありません。ECに対しては輸出自主規制を持ち出して訴訟を回避し、クオーターの配分を巡っては日本メーカー間の熾烈な交渉を展開し、国際ビジネスにおける戦いの凄まじさに圧倒されました。

そんな体験が風化しつつあったころ、2012年に最後の赴任地ブラジルから帰任すると、担当は本社の渉外部門でした。国内渉外、海外渉外、技術渉外の3分野においては、それぞれ専門家が活躍していました。そこで、私が試みたのはワシントン、ブリュッセル、北京、サンパウロなどの現地の渉外担当者たちと本社で協働し、「グローバル渉外チーム」にまとめ上げることでした。さらにはソニー・グループ内の映画、音楽、ゲーム、金融などの事業会社の渉外担当者とも連携し、協働することでした。

例えば中国政府に規制緩和の要望や政策提言をする際には、歴史問題や、尖閣諸島など巡り国民感情が介入しやすい日本からの交渉では難航が予想されます。そういう時は欧州渉外部からEUに提案して中国政府に申し入れたり、インターネット関連の政策提言は最も影響力を持つアメリカで、ワシントン渉外部から国務省に働きかけることもありました。世界各地のリソースを組み合わせ、連携するのがグローバル企業の戦略優位だからです。

持続可能な社会の構築に向けては、さまざまな国益や利害関係が絡んでくると予想されますが、そういう事態になった時こそ、日本人の穏やかさ、相手に対する配慮、物事を俯瞰して大同小異で合意を目指すなどのリーダーシップが求められます。

まとめ

・日本は辺境の国だからこそ他国との対話を。
・今、日本に求められるリーダーシップ。

灼熱のアラビア半島から極寒の国へ

最初の駐在地サウジアラビア

モスクワで暮らす著者と家族

第3章

大転換期と日本企業

第1節●人類史の転換期

1　日本の近代史と「時代の要請」

今まで多くの学校では、日本史の授業で、近現代史に辿り着く前に学期が終了してしまう傾向がありました。時間の配分がうまくできない教師が多いのか、教える側に何か不都合があったのかは不明です。

日本史を学ぶからには、日本が大きく変貌を遂げた近現代史を理解することは重要です。そうでないと、特に海外で、不見識を問われます。私たちは社会に出てから、小説やドラマを通じて明治維新や開戦に至った背景、高度経済成長の功罪などについて、主体的に知ろうとします。

メディアも、こうした欲求に応えるべく、多くのコンテンツを世に送り出してきました。その中には日本人が向き合うのが辛い「不都合な史実」もあるでしょう。しかし、史実に触れ、真実を探る努力を惜しまず、異なる立場の人とも議論をしていかないと、私たちの判断力は正しく養われません。

明治維新を彩る志士たちの中にも、近代国家樹立を目指していた人もいれば、尊王攘夷思想に燃えていた人もいたでしょう。吉田松陰のように独立主権国家として存続するための思想基盤を作った人もいれば、先頭に立って行動する中で命を落とした人も大勢います。そうした努力の賜物としてできた近代国家の運営にあたった人々も歴史に名を残しています。

歴史は常に動き、企業経営者は将来に実を結ぶ投資を検討し、数十年先の世界すら予見するように努力をしています。先を見据えなければ組織を正しい方向に導くことはできないからです。経営トップは長期ビジョンと現実のギャップを縮めることに挑み、若いリーダーを育てています。しかし優秀な人材には、社会が最も彼らの力を必要とする領域で活躍できるよう、機会を与えるべきで、そうした配置が社会を前進させます。江戸末期から現在に至る歴史的な転換期と、その特徴、そしてそこに求められる人材などをまとめたのが次頁の表です。

私は世界が今後、対立や競争の時代を越えて人類共通の危機に対峙し、共存するために「協創社会」に移行していくと考えています。そうしなければパンデミックをはじめ、気象災害や食糧不足を克服できず、人類の生存が危うくなるからです。現在の地球規模課題がさらに深刻化すれば、それはかつて人類が経験したことのない、大規模な自然災害、壊滅的な戦争、差別

図表５　日本の近代史と「時代の要請」

	明治維新～敗戦 1868-1945	現代日本への足跡 1946-2020	SDGs 行動の 10 年 2021-2030	ポスト SDGs 2031-2050/2100
世界の動き	農業・医療の発展 人口の急増 帝国主義 植民地支配	東西冷戦／南北問題 世界分業の進化 社会主義の自壊 地球環境悪化 市場原理主義の破綻	持続可能な成長 共益資本主義 国際互恵社会	共益資本主義 地球市民権 企業経営パスポート
時代の要請	明治維新： 近代国家への改革 富国強兵	平和憲法 技術・貿易立国 高度経済成長	SDGs：持続可能な マルチステークホルダー 連携	No harm リーダー
人材の配置	下級藩士・藩校教育 軍人・外交官・官僚・教員 財閥企業	技術者・商社・製造業 海外進出・ICT ／環境／ 医療 新エネルギー・素材産業	IT・AI ／環境／医療／ 企業の公益性／ 安全・安心	サステナブル人財 国際課題解決リーダー W アサインメント
行動	討幕・身分制廃止 大政奉還・海外権益拡大 右傾化・挙国一致体制 大東亜共栄圏	基礎研究・製造技術 国際展開・健康被害緩和 停滞の 20 年・IoT 6 次産業化	SDGs 地球一個分の暮らし 世界益>国益	地球と人類の新しい関係 SDGs Wedding Cake

日本ノハム協会作成

による大量殺戮が避けられなくなるからです。そういう惨劇を招き入れるほど人類は未熟な生き物ではないと思いますし、そうでないと人間の存続自体が地球という惑星の害悪となってしまいます。

国益のみならず地域最適を求めて、ＥＵやＡＳＥＡＮなどの地域共同体があります。またグローバル企業は中小国家を上回る経済力や従業員数を有しています。そのような企業は、国際社会でリーダーシップを発揮することが可能であり、また期待もされています。国家リーダーに加え、多様なセクターからリーダーが集まり、マルチ・ステークホルダーとして将来あるべき社会について議論する時代になれば、地球規模課題にも解決の道筋が見えてくるのです。

「過去を振り返り、学ぼうとしないものは、また同じ失敗を繰り返す」と言います。私たちの歴史には、繰り返してはならない失敗に溢れています。それらに至った背景や経路は、頭では理解していても、変えるのが難しい本質的な要因（利己主義、欲望、虚栄心、根源的差別、集団残虐性、集団無責任体制など）が複雑に絡み合っており、歴史を教養として学んだだけでは不十分です。過ちを避け、大きな流れを変えるには、多くの企業や市民を巻き込んで本音で議論し動かす推進力が欠かせません。

ＡＩの出現で、私たちの暮らしは大きく変わると言われています。人間にしかない喜怒哀楽の感情や、優しさ、思いやり、尊敬の念、清廉潔白、連帯意識などは、人間らしい仕事を続けていく上で、失ってはいけない特性でしょう。そして未来の理想的な社会を目指してコミュニケーションを図り、賛同者を増やして行動に繋げるのも、人間ならではのリーダーシップです。国家においても、企業においても、トップの力量以上に組織が成長することは稀だと思います。トップが持つ人格や構想力、教養やコミュニケーション力、そしてＧＲＩＴ（最後まで諦めない強靭な精神）は、「地球規模課題」の解決には欠かせない人類固有の能力だと思います。

2　次世代にフェアにバトンを渡す現役世代の責任

日本で暮らす私たちの多くは、戦争を知らずに繁栄を享受できた、極めて幸運で稀な世代です。ロシアのウクライナ侵攻の映像を見ると、国家による殺戮と破壊活動が繰り広げられていては、どんな教育も、医療や福祉の整備も困難極まりないと感じます。敗戦後に奇跡的な成長を実現してきた80年近くが過ぎ、目標期限あと8年という限られた時間の中で、世界が持続可能に成長できるようにしなければなりません。そのためにＳＤＧｓは世界規模課題を整理し、世界共通の行動目標として掲げられました。今こそ企業や研究機関、ＮＧＯや市民の参加が求められているのです。

江戸時代以降の日本史はおよそ以下のような時代と称することができると思います。
・乱世を治め、天下統一を実現し、武士が力による支配から、徳による統制を行った。
・欧米列強による植民支配を阻み、自ら近代国家の枠組みを創った。
・大東亜共栄圏の大義が崩れ去り、アジアの信用を失い、甚大な国難を呼び込んだ。
・焦土から立ち上がり、科学技術と平和外交で奇跡的復興と高度経済成長を実現した。
こうした歴史を経て、平和と経済成長に恵まれた私たちの世代は、２０４０年や２１００年に生きる将来世代から、どのような評価を受けるでしょうか。

私たち令和を生きる世代も、必ず後世から客観的に評価されます。そのとき、「停滞の中から国際社会のリーダーとして、持続可能な成長を実現した」と言われるには、今、何が求められているのでしょうか。

私たちがこれから採るべき進路は、現在の延長線上に改善された未来を描くことではなく、本質的に「ありたい未来」を議論し、施策を導き出して実行することです。理想とする社会からの「バックキャスト」によって、進路を探り出すことが不可欠です。

ＳＤＧｓに取り組むと、そういう生き方に感化され、新しいアイデアが生むエネルギーを感じます。また同じく先を見つめる尊敬すべき仲間たちがどこからともなく集まってきます。それこそがＳＤＧｓに取り組み、その理念を自らの生き方に取り込んでいくことの最大のメリットです。

3　アナン事務総長の慧眼（けいがん）

第2次世界大戦終結後、米国とソ連邦の対立が激化し、東西冷戦に突入しました。各地で「代理戦争」と呼ばれる局地紛争が起き、双方から供与された資金や武器を用いて、自由主義や社会主義を知らない多くの生命と財産が失われていったのです。仲裁や停戦に向けて効果的な手を打つことができない国連の職員が、どんなに無力感を味わったかは想像に難くありません。

戦勝国の手で作られた国連には、安全保障理事会の常任理事国に拒否権が与えられており、常任理事国の利益に反するような提案が可決されることは少なく、武力衝突に対して武力で鎮圧することが不可能であることは、今般のロシアによるウクライナ侵攻を見ても明らかです。

ガーナ出身者で初めて国連事務総長に上り詰めたコフィー・アナン氏は、国連の限界を思い知らされつつ就任しました。そして彼は、経済がグローバル化していく中で、企業の持つ資金的・人的リソースと、金融界への影響力をテコの力として、誰も表立っては反対できないアジェンダ（命題）を打ち出し、企業や金融サービスを巻き込むという壮大な戦略を胸に秘めていました。アナン事務総長の長期戦略が、ＭＤＧｓ（ミレニアム開発目標）やＳＤＧｓの基盤を作っていることは明らかです。

外交は国益が優先される舞台ですが、その基盤を成す世界益がいかに重要かを示すことで、国連は、再び世界のリーダーとしての存在感を示せたと言えるでしょう。

まとめ

・人類は幾多の大転換期を乗り越えてきた。
・その歴史に学び、次世代へのバトンタッチをすることが現役世代の使命。

第2節●技術は転換期をリードできるか

1　先端技術と持続可能性

科学技術立国として、日本はさまざまな分野で世界をリードしてきました。技術の会社で長く働いてきた私ではありますが、「技術による問題の解決は、人間の行動変容に勝る解決策か?」については懐疑的です。この観点から、先端技術のいくつかを見ていきたいと思います。

環境保護の分野では、さまざまな先端技術が導入されてきました。例えば極東ロシアの森の保護には、衛星から定期的に撮影した画像を比較し、違法伐採の現場を細密に検知して検挙率を高めました。またニュージーランドではドローンに装着したセンサーでマウイ・ドルフィンという希少種の行動を監視し、地元の漁業者に混獲を防いでもらうことで絶滅の危機から救っています。

先端技術の大半は有益ですが、中には私たちの見えないところで別の問題を引き起こしている例もあります。例えば、「クリーン水素」事業では、南半球で低コストの泥炭や褐炭を燃やし、CO_2を大量に排出して作った水素をはるばる日本まで運搬し、クリーン水素と称して販売する例もあります。このようなグリーンウォッシュが横行することのないよう、注意深く説明を求める必要があります。

日本では「グリーンイノベーション投資ファンド」を創設し、脱カーボン、カーボンリサイクルに関する技術競争力を高める政策的支援をしています。NEDO（国立研究開発法人新エネルギー・産業技術総合開発機構）に設けられた2兆円の脱炭素技術開発基金です。昨今世界では放出されるCO_2の回収や再利用を可能にする技術も注目を集めています。その有望株とされているものにDAC、DACCS、BECCSなどがあります。

DACは大気からCO_2だけを取り出して回収する技術で、石炭など火力発電所に装備し、排気直前にCO_2を分離する技術で、日本でも多くの研究者が開発を進めています。DACCSは大気から特殊な化学薬品や吸着膜で大気中のCO_2を分離・回収し、安全な保管場所に貯留するというものです。しかし、日本は火山国であり地震も多いため安全な貯留スペースが見つからず、埋蔵や管理のコストも高いため、実用化の目途は立っていません。バイオマスを燃料としたBECCSもあり、これは木材が発育の過程で固定化したCO_2を、燃焼時にも回収し貯留することで、回収分が最終的にマイナスの排出量として計上できます。これらの新技術に共通するのは、CO_2の回収や処理、貯蔵コストなどです。こうした技術のどれかは自然エネルギー100%に至る移行期間には重宝するかもしれません。

上記以外にも、回収したCO_2の一部を農作物の発育促進に使うというアイデアもあります。農作物の中にはビニールハウスのCO_2濃度を1000ppmに上げることで成長速度が上がり、生産量が3割近く増えるという実験結果もあり、有望な用途開発技術かもしれません。作業者の安全に配慮し、CO_2濃度調整で光合成を促進できれば野菜や果物の生産革命にもつながるでしょう。

2　資源としてのCO_2

CO_2を新たな産業資源として転用するとして、世界需要はだいたい何億トンくらいあるのか、明確な数値は未だ見当たりませんでした。CO_2の需給バランスが見えてこない限り、リサイクルCO_2が資源として有望とは断言できません。

CO_2の主な用途としては消火用の不活性ガス、冷却材、鋳造用ガス、アルカリ排水の中和剤、炭酸飲料やお菓子、人工炭酸泉、脱炭素セメント、人工樹脂、新プラスチック、再生ナイロンや再生ポリエステル、人工肉、人工タンパク質、人工ミルク加圧剤、促進栽培施肥など多岐にわたります。

米国の産業用CO_2の市場規模は２０１９年に約２億トン（76億ドル相当）あり、２０２７年に向けて年間平均成長率は３・４％と予測されています。医療分野でも手術の侵襲性を和らげるためにCO_2を利用します。大腸内視鏡検査では、温水よりも炭酸ガスを気送した方が患者の苦痛が減り、処置が容易になるそうです。薬浴では、CO_2を圧入することで、皮膚の熱受容体を刺激し血管拡張作用をもたらすそうです。

しかし、いずれにせよ世界のCO_2排出量は約３４０億トンありますので、大幅削減の必要性は変わりません。

３　CO_2を原料とする産業の将来の見通し

繊維や布は衣料品のリフォームやリサイクルが進む一方で、人口の増加につれて需要が伸びるでしょう。

アメリカのランザテック社は、他社と協働し、CO_2を用いてポリエステルと同等の繊維を作ることに成功したと発表しました。CO_2を安全なリサイクル資源として多くの産業界が使い始めれば、需給バランスの改善に寄与すると期待できるかもしれません。

　運輸業界の脱炭素化のカギは「ｅ－ｆｕｅｌ」です。これはCO_2と水素を合成して作られる新燃料で、今後はバスやタクシーなど幅広い交通手段への利用が期待されます。自動車産業は５５０万人の雇用を抱える日本の一大産業であり、CO_2総排出量の約19％は自動車から排出されていますので、率先して気候変動対策に取り組む責任があります。内燃機関から電気自動車への急激な変化は業界にとっても大きな痛みを伴うので、ｅ－ｆｕｅｌを開発してスマートに脱炭素社会に移行できれば理想的です。

　再生エネルギー由来のｅ－ｆｕｅｌは実験段階では未だ高コストですが、回収済みのCO_2を資源として再利用するカーボン・リジェネレーションが可能になれば、コストの一部は回収可能になります。

　またＥＶ向けインフラの整備に時間がかかるアジアや中南米などの国々においても、ｅ－ｆｕｅｌでCO_2排出量削減に寄与できれば、気候変動対策も前進するでしょう。ＥＶの普及には、大規模な公共インフラが必要となります。ＥＶ搭載バッテリーの容量アップと同時に、街のＥＶ充電インフラの数や給電キャパシティの引き上げが急務です。ｅ－ｆｕｅｌなどの技術の併用はこうした移行期におけるオプションとして重要と言えます。

　２０２５年に開催予定の大阪万博には、最先端のサステナブル・イノベーションが一堂に会す予定ですので、世界中の人々がこれらを見る機会になるでしょう。さまざまな技術開発や応用事例に触れることができれば、業界を超えた新たな協働を生むことが期待されます。日本で万博を開催するメリットを最大限に活かし、日本は脱炭素社会の推進役として一歩踏み込んでいくべきです。

まとめ

- 最先端技術がもたらす持続可能性への期待。
- CO_2を資源と考えても、削減には全力で取り組むべき。

第3節●ゼロカーボン社会への挑戦

1　再生可能エネルギーで電力需要を100％満たすために

ＥＶへの移行を促すには、自然エネルギーの発電量拡大と同時に、高容量・高速充電が可能で信頼性が高いバッテリーの大量供給が求められます。バッテリーは現在、ＥＶ価格の約４割を占め、そのコストダウンがＥＶの普及加速の鍵ともなります。トヨタは１・５兆円の大型投資で高品質ＥＶバッテリーの内製化を決定しています。

バッテリーへの投資は気候変動対策以外にも社会的メリットがあります。例えば災害などの非常時には、ＥＶから家庭に電力が供給できるので、災害レジリエンス（復興する力）が向上します。大容量電池はオフィスビルや地域の施設などからの膨大な潜在需要が期待されます。充電式電池の世界市場規模はＥＶ用と民生用ですでに5兆円を超え、生産規模拡大と低価格化が進む２０２４年には10兆円に迫る勢いです。

「全固体電池」は、電解液を用いないので安全性が高いと期待されます。業務用輸送車両などに適しているとされ、２０３５年の世界市場規模は2兆円を突破するようです。ＥＳＧ投資を呼び込んで量産体制を敷けば、２０３０年には1万円／ｋｗ程度と、現在のリチウムイオン電池とほぼ同等のレベルまでコストを下げられる見込みもあり、大きな成長が期待されています。

住宅用の蓄電池は、地震や気象災害などの非常時はもちろん、太陽光で蓄えた電力をＦＩＴ（固定価格買取制度）で売るだけでなく、備蓄して地域の安定に寄与すると考えられます。太陽光と蓄電池の普及状況は、戸建て住宅総数約２８８０万世帯に対し、太陽光発電設備導入世帯数が累計で約２６８万世帯。家庭用蓄電池の設置世帯数は累計約40万世帯。つまり、一戸建ての約９％で太陽光発電を始めており、その15％が家庭用蓄電池を併設しているのです。今後は地域の災害レジリエンス向上に向け、助成金などを活かして以下の３つのハードルをクリアしていく必要があります。

①初期投資（機器と工事費計で80～１００万円と高額）
②容量（5～10ｋｗｈで、二人暮らし世帯で半日から1日程度しかもたない）
③メーカー保証期間（10年～15年と短い）

この課題が解決されるまでは、ＺＥＨ（自家発電で生活できる家）を作る際に、宅地開発の段階から造成地の規模に合わせた大型蓄電設備を街全体で整備するところも出てきました。防災能力の向上はＳＤＧｓの目標11の項目5で示される重要なテーマです。

日本政府の国際コミットメント通り、２０３０年に２０１３年比マイナス46％、そして２０５０年にカーボンニュートラル（二酸化炭素排出量実質ゼロ）を実現するには、日本全体で３００ｇｗｈ（ギガワットアワー）という壮大な規模の蓄電設備が必要になります。これに向けては気象予報データと連動して自然エネルギーの発電量を推測し、需要ピークをずらすなどの「デマンド・レスポンス」が重要な役割を果たします。すでに九州電力管内で実施されており、２０４０年までには技術のみならず、その運用についても相当の経験知が蓄積されていることと期待します。

2　日本政府が掲げた２０３０年の46％削減目標

菅義偉前政権の功績の1つに２０３０年のCO_2排出量46％削減の公約がありますが、様々な業界で事情が異なる中、どのように削減目標を分担させていくか、未だ実施可能なシナリオは描かれていないようです。削減公約は国家の威信をかけた約束ですし、気候変動対策は待ったなしの責務なので、早急にフェアで実効性のある具体案が必要です。

まずは排出量に応じて業界団体や大企業と折衝を始め、業界目標を作り、実施プランに落とし込むことです。また企業は自発的に排出量を半減するといった意欲的な計画を準備するべきです。どうしても足りない場合はオフセットクレジットといわれる排出権取引でいったん帳尻を合わせ、速やかに不足分の削減に取り組むのがよいでしょう。

オフセットクレジットは、すでに削減目標を上回った企業などが、超過削減分を排出権証券化して販売する方法で、成果が経済価値として報われる一方、購入した企業は実質的な削減を伴わずにお金で辻褄を合わせているので、早く実質的な削減を行わないと財務負担から逃れられません。

どのような施策ポートフォリオでいくかは企業次第ですが、何も価値を生まない炭素の排出権に資金を注ぎ込むような経営者は投資家から見捨てられるでしょう。

まとめ

- ・ゼロカーボン社会への具体策をイメージする。
- ・すでに始まっている取り組み。

第4節 社会制度は転換期をリードできるか

1　東京証券取引所のコーポレートガバナンス・コード改訂の意図

投資家や銀行などが、企業にサステナビリティ施策の公開と実施を求めています。気候変動対策に留まらず、人権、ジェンダー平等など、ＥＳＧの側面すべてがＫＰＩ（重要業績評価指標）と共に盛り込まれていなくては不十分です。国際株式市場が設けられている日本でも同様で、速やかな対応が求められます。

２０２２年4月に東京証券取引所の市場区分が再編され、新しい上場基準に基づいて3つのグループに再編されました。最上位の「プライム市場」に上場できた企業は上場企業の約半数の１８００社強でした。気候変動に伴う事業へのリスクや対策、事業チャンスを質・量の両面で開示し、取締役会の3分の1以上を多様な経験と専門性を持つ社外取締役で埋めるよう求めた結果とも言えます。

従来の企業評価では、売り上げや利益、自己資本比率や資本回転率などの財務情報が主体でしたが、今後は非財務情報にも注目され、開示とサステナブルな経営が求められます。「コーポレートガバナンス・コード」は、投資家・顧客・従業員・地域社会など多様なステークホルダーが、透明性の高い情報で正しく意思決定できるよう、企業が守るべき行動原則です。新しい評価基準が加わり、今後はより長期的な視点で企業の社会的価値を求める規範になるでしょう。

今回の改定では、気候変動のもたらすリスクとチャンスについて記載するＴＣＦＤ（気候関連財務情報開示タスクフォース）への賛同と情報開示など、具体的な対応が求められました。さらにはＴＮＦＤ（生態系サービスの影響）についても全プライム企業に質問票を送ると言われており、しだいにバリューチェーン上の人と自然、社会に関する包括的な報告が求められるようになっていきます。

従来は大所高所から経営全般を監視してきた社外取締役も、一人ひとりの専門性や経験が問われ、「スキル・マトリックス」を作成し、経営判断に誰がどう寄与できるかを開示することが付け加えられました。

今後は投資家にとって、企業がサステナビリティにどう取り組み、社員の潜在能力を十分に引き出せているか、サイバーセキュリティ対策は十分か、バリューチェーン全体は公正かなどをチェックしながら、社会と企業の健全性を同時に高めるように求められていきます。

企業は事業全般を俯瞰し、サステナビリティ戦略を構築する新たな部署や人材が必要になるでしょう。潜在的なリスクについては、社内横断的に内部通報制度や苦情対応策も必要とされます。これに応じない企業には、その理由を説明する義務「コンプライ・オア・エクスプレイン（遵守するか、説明せよ）」が課されます。

2　日本の産業の二極化

新型コロナウィルス感染症対策に明け暮れた２０２０年度以降、政府が感染予防策と同時に大規模な経済の下支えを行う必要があり、１７５兆円という未曽有の歳出を余儀なくされました。もともと借金経営だった国家財政が、ここに来てさらに収支バランスを悪化させたのです。これは歳入63兆円の3倍近い、巨額の支出です。観光、飲食、イベントなどの業界は、度重なる緊急事態宣言や、蔓延防止策、外出・会食規制やリモートワークなどで大きな被害を被ったため、２０２０年の法人税収はかなり落ち込むと懸念されていました。しかし、法人税収入は想定より5兆円も増え、過去最高を記録したのです。減収減益の産業を尻目に、通信、スーパーストア、ゲームなど巣ごもり需要が好調で、通販事業の急伸で宅配業者は配送スタッフ補充が間に合わないほどでした。実際には所得税や一般消費税も堅調でした。

ここには構造的な問題を垣間見ることができるように思います。増収を計上したのはほとんどが大手企業で、企業数の99％を占める中小零細企業は苦しい経営を強いられていました。しかし中小零細企業はもともと赤字で、今まで法人税を納めてきた企業数が少なかったので、減収減益に陥っても税収を押し下げる要因にはならなかったのです。

日本企業の0・3％にあたる約1万社の大企業だけで、労働人口の約31％を雇用し、経済付加価値の53％を生み出しています。大企業さえ増収増益になれば、中小零細が苦境に立たされていても法人税収が増えるのです。法人経営においても不均衡な社会構造であり、個人においても大企業と中小企業の給与格差や、福利厚生の差はメディアの報道で取り上げられてきました。

大手企業が取り引きの優位性を利用して、中小企業との公平な利益分配を大きく損ねているとすれば、それはバリューチェーンとして欠陥があり、持続可能とは言い難い状態です。企業はその規模にかかわらず、商品やサービスに不可欠な価値を生み出している場合が多いからです。

3　中小企業への期待

企業は規模の格差を縮められないのでしょうか。中小企業の良い面を活かして、下剋上を起こせないでしょうか。

中小企業にはぶら下がり社員が少なく、現実に対峙する真剣さや、機動性、全社一丸のチームワークなど、大企業に負けない強みがあります。独裁的支配や朝令暮改などの欠点もありますが、時代の大きな変化にあっては、スピードが勝負です。

中小企業には人材や資金を集めるのが困難とのイメージがつきものですが、就活生の企業を選ぶ目が変わり、ＥＳＧ投資が拡大し、サステナビリティの取り組みなど非財務情報が企業評価を表す時代においては、経営者の決断力とＧＲＩＴ（やり通す力）、社員の使命感、市場との密な対話で、大きく変容できるチャンスが巡って来ます。中小企業だからこそ経営者自らが学んで推進せざるを得ず、また社員数が少ないことで社内浸透に時間はかかりません。

大企業には大企業病に苦しむ経営者がいます。持続可能な社会に向けた取り組みでスピード感をもって企業変容して頂きたいと思います。

まとめ

・非財務情報が企業評価に繋がる時代。
・企業規模の小さな会社にこそチャンスがある。

第5節● 社会を下流から見上げてみる

1　自然界には存在しないごみ

「混ぜればごみ、分ければ資源」とは、よい標語だと感心します。東京オリンピックでは、各家庭に眠っていた古い携帯電話などの「都市鉱山」からメダルを作るという妙案で、資源循環のお手本を示しました。不要な資源を再利用する動きは、今後ますます広がるでしょう。「護美箱（ごみばこ）」という当て字もなかなか洒落ています。ウィキペディアで検索すると、ごみは「ものの役に立たず、ない方がよいもの。利用価値のないこまごまとした汚いもの」と定義されています。資源循環型社会に移行すれば、この説明にも修正が求められることになるでしょう。

自然界には、ごみというものは存在しません。私は環境ＮＧＯで学ぶうちに「最高の科学は自然である」という実感を得ました。自然の生物の営みでは、見事に資源が循環しており、無駄なものが何一つないと感じます。枯葉などごみのように見えても、そこには必ずそれを利用する生き物がおり、全体のサイクルの中で調和して生き、また、生かされているのです。

2　ごみは社会を映す鏡・成熟度の基準

人間が出すごみ、特に石油化学製品（プラスチック、ナイロン、ポリエステルなど）は埋めても微生物などが分子レベルまで分解できないので、循環されずに長い期間不要物として残ってしまいます。また核廃棄物のように健康被害を引き起こし、厳重な管理を長期間にわたって強いるものは、その管理責任を何千年も先の子孫に「合意無く、負担だけを押し付ける」ことになります。そんな無責任な世代は、人類史上いなかったのではないでしょうか。

3　「拡大生産者責任」を強化する動き

ごみになったものは、行政に処分してもらって終わりと考えがちです。これは一方向のサプライチェーンの発想です。経済合理性中心に判断するプロセスです。しかし価値の全体像をトレースするバリューチェーンの発想では、仮に行政がごみを焼却や埋め立て処理したとしても、それが異臭等の公害を引き起こせば負の価値を生んでしまいます。原子力発電所に反対している人々は、安全性への懸念だけでなく、全体を俯瞰し核廃棄物の処理コストが曖昧なままに原発を稼働することに反対してきました。

資源循環には、行政だけでなく、もっと生産者を巻き込むべきという考えが広

図表６　消化器型物流

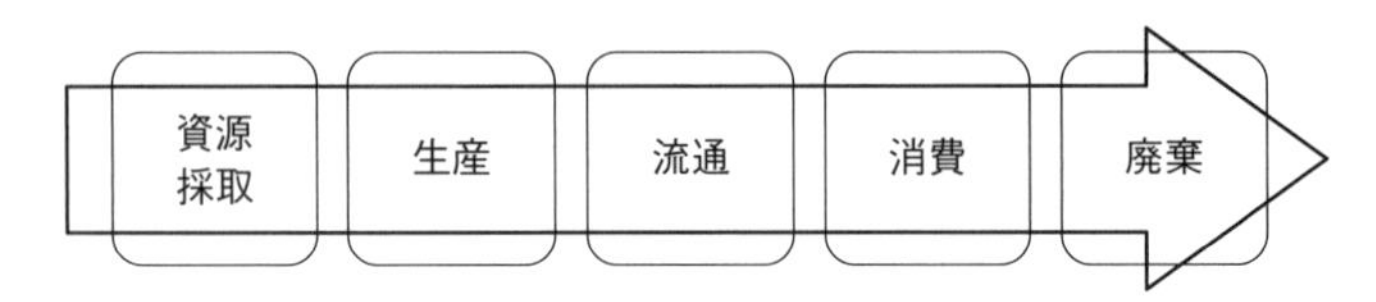

図表７　循環器型物流

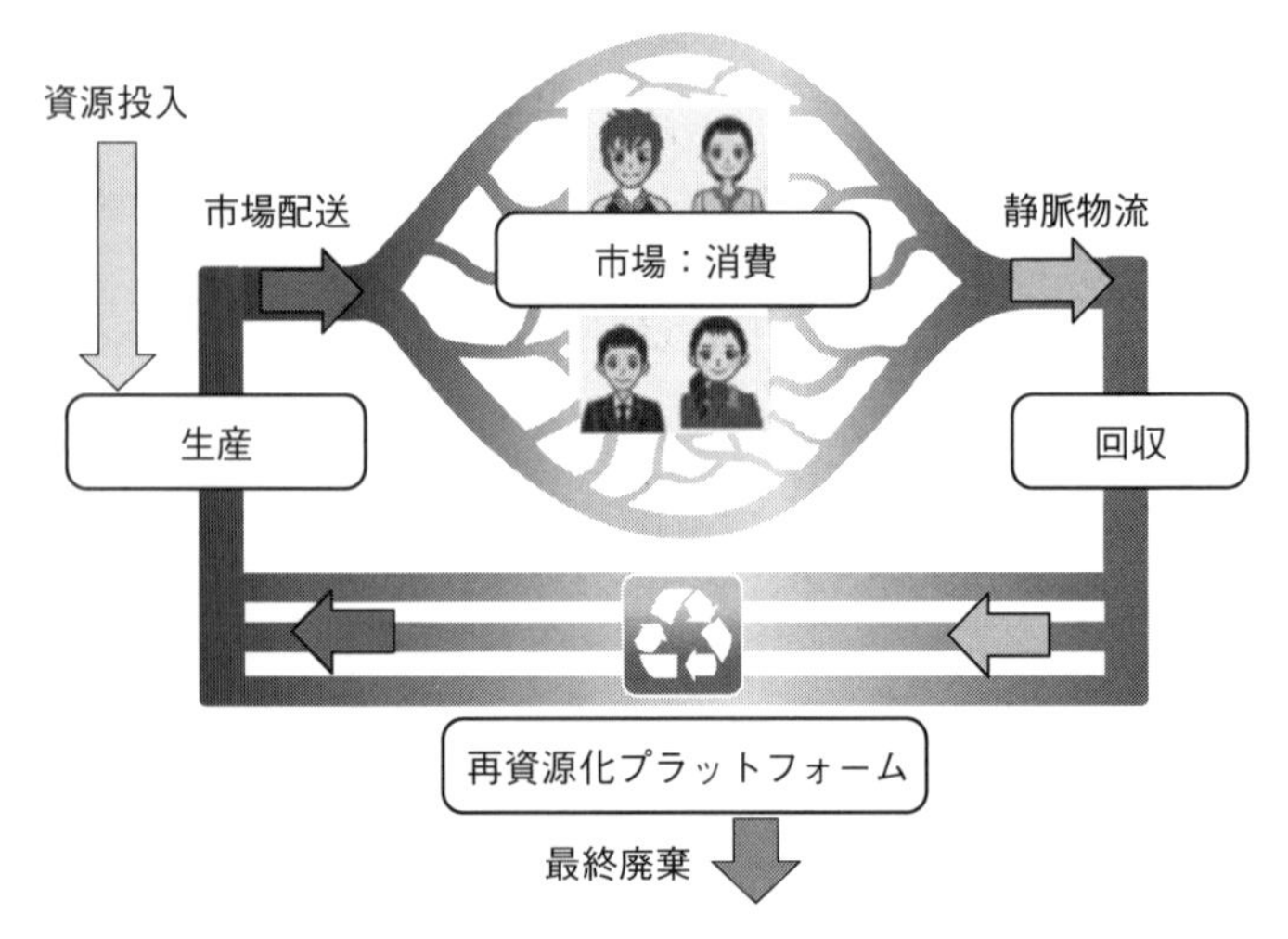

（日本ノハム協会作成）

がっています。製品のデザインや開発時点から、廃棄や資源循環に配慮し、循環しやすいように作るという発想です。家電製品は「家電リサイクル法」によってメーカーの回収・処分義務が定められており、「生産者責任」が問われるようになれば、回収・処理費用も軽減しようとメーカー自身が努力することで、製品の長寿命化やリサイクル率の向上、リサイクル施設への回収経路まで考えるので、最終的な廃棄を極限まで減らすことが期待できます。私は一方向のサプライチェーンを「消化器官型物流」、資源循環に資するバリューチェーンを「循環器型物流」と呼んでいますが、今後の社会課題の１つであり、ビジネスチャンスとも考えています。

メーカーには生産本部が修理サービスの費用を負担することで、修理コストや作業のしやすさに配慮し、修理データの分析結果を設計にフィードバックし、故障率を下げて信頼性を高めた事例がたくさんあります。この責任範囲をリサイクル・最終処分まで広げ、最終廃棄量を減らしていく動きが欧州ですでに始まっています。「循環型社会形成推進基本法」がその源流にあり、ＯＥＣＤ（経済協力開発機構）はこの考え方を、生産量や廃棄の割合が多い産業に対して、戦略的に拡げています。

今後はアパレル産業や、食品産業にこの動きが拡がるでしょう。過剰生産や見込み発注などによる無駄を減らし、Just in Time と呼ばれる消費需要のみ補給すること、必要な場所に、必要な品を、必要な数だけ、最適な時間に配送するという試みもパソコン事業等では20年前から実践されてきました。

4　欧米の動向

２０２１年にアメリカ上院でリデュース法が提出され、リサイクルされた資材があるのにこれを使わずに新生資材を利用する場合は、一定の税がかかるという制度が審議されています。当初は低い税率で試行し、だんだん税率を上げながら効果を高めていくそうです。複数の消費者団体や業界団体の後押しで対象が広がっていく見込みです。

欧州は引き続き、国際ルール形成のリーダーシップを握ろうと、すべてのステークホルダーの意見を聞きながらチーム・ヨーロッパの体制で推進するようです。これは法案策定に向け欧州域内の当事者を招き、露骨に言えば、欧州域外の企業が参入を試みても容易に準拠できないようなルールを作っています。今後、資源循環は大きく進化する分野であり、日本も世界の動向を注視し、国際ルール作りに参加できる人材を育て、送り込むべきです。日本企業が国際競争で劣後するのは看過できません。

5　自然から学ぶバイオミメティクス――「社会の腎臓と大腸」を作る

自然界では不要物として出されたものをうまく使う生態系システムがあるので、いわゆるごみが残りません。自然界全体をシステムと捉え、そこから学び、人間社会に生かす研究をバイオミメティクスと呼びます。そこには３つの原則があります

原則１：模倣＝蜘蛛の巣（ウェブ）は、かかった獲物にどこからでも素早くアクセスできるように作られており、国際インターネット回線の原型です。

原則２：価値観＝自然界では命を保つために変容します。私たちの価値観や生き方も、自然の摂理に適っており、これに抗えば淘汰されてしまいます。

原則３：繋がる＝地球の生物はすべて生態系の一部を成し、連鎖しているという考えです。独立や対峙したり、どちらかが克服するものではないのです。

人類も大自然の一部として謙虚に生き、人間の都合に合わせて自然を変えるという傲慢な考えを改める必要があります。私たち人間は、自然の中で生かされており、大きな生態系の中で暮らしていくという謙虚さと客観的な視野を失わないことです。科学技術を過信すれば、途方もない不幸を招き、何世紀にもわたって被害をもたらしてしまいます。

6　廃棄物が少ない企業が勝つ時代

持続可能な社会では「資源を半永久的に持続可能な方法で使う」必要があります。そういう意識のある会社はコスト管理が厳しく、投資余力も生まれますので競争力もありましたが、企業秘密の一部としてノウハウが開示されることは稀でした。

イタリアやフランスの中小零細企業は、収益性が高く、給与や技術力の高さ、固定客の多さに支えられ、若者の就職希望者が絶えないと言われています。本当に必要なモノを適正価格で大切に使い続ける文化を、日本でも復活させたいものです。

今後はリユースやリサイクルまで含め、「資源投入量－利用量－リサイクル量＝最終廃材」という構図の中で、最終廃棄を減らす工夫が価値として認められます。大量生産・大量消費・大量廃棄時代の終焉をすでに迎えているのです。

7　3Rから7Rへ

エコ活動として知られているものに「3R」があります。Reduce（リデュース・削減）、Reuse（リユース・くり返し再利用）、Recycle（リサイクル）の3つのRのことです。

3R（削減、再利用、リサイクル）が市民権を得てからは、これを拡大し、7Rとか10Rなどの行動に広がっています。Refuse（過剰包装を断る）、Refurbish（新装整備）、Repair（修理）、Resale（再販）などがそうです。皆さんにも古着屋や、オークションサイトを楽しみながら利用している人は多いと思います。

私がカナダに駐在していた当時、週末はオンタリオ湖畔にあるアンティーク・モールを見て歩くのが楽しみでした。100年以上前に作られた家具や食器など、作り手のこだわりを感じる逸品が溢れていました。そうしたものが新品よりも高い値段で売れるのは立派なことです。

私は趣味でビンテージ自転車を愛用していますが、45年ほど前に作られたキャンプ旅行用のものは、変速機を交換したり、サドルの革にオイルを塗るなど、手入れしながら楽しく付き合っています。

長持ちする商品に仕上げ、適正価格で販売し、大切に使い続けるという価値観がもっと広がればよいと思います。今の消費は歴史的に見ても「一時的な異常事態」と考え、よいものを長く愛用したいものです。

8　廃棄の多い産業1　アパレル

サプライチェーンがグローバル化されたアパレル産業は、人件費の安い国で縫製し、手頃な価格で成長しましたが、販売機会ロスを避けるための過剰発注が過剰在庫を誘発し、過度な価格競争も加わって、安いから取り敢えず買っておこうという「着ない衣料品」を大量に生み出してしまいました。

中国やミャンマー、スリランカ製の衣服が市場を席捲し、経産省によれば衣服の供給量は、1990年の20億着から現在は40億着に倍増しました。一方で販売単価は下落し、金額ベースの市場規模で見ると15兆円から10兆円とむしろ縮小しているのです。計算上は30年で単価が3分の1に暴落したことになります。

1億2600万人の人口に対し、毎年40億着近い衣服が供給されれば、着ることなく捨てられる衣料の大量廃棄が起きるのは当然です。業界紙によれば、毎年約100万トン程度、点数にしておよそ30億着という膨大な数が売れ残り、ディスカウント店などの再販売ルートに乗るものや、原材料として再生される一部を除き、大半は焼却処分されているそうです。これは明らかに異常事態ではないでしょうか。

今一度、衣服の役割について考え直し、大量消費を減らすことが消費者に求められています。私が30年余を過ごした家電業界でも、多くのブランドで似たようなデザインや機能の商品が溢れかえり、値崩れによってメーカーすべてが赤字に陥った時代がありました。業界全体が沈むような過当競争にいったい何の意味があるのでしょうか。

衣料品は実用面の価値に加え、人々の個性や趣向を表現する大切なアイテムです。自分らしい、本当に気に入ったものを大切に着て欲しいものです。１９６０年代のアメリカのアイビーリーグのキャンパスでは、ドレスアップならぬドレスダウン（例えば肘当ての着いたセーターや、擦り切れたネクタイ）を誇らしく着ていた学生や教授も多かったようです。そこには自分自身の消費に対する考え方が明確にあったからではないでしょうか。

9　廃棄の多い産業2　食品

(1)　食品ロスの実態と「食品ロス削減推進法」への対応

地球上には8億人以上の人が飢餓に苦しんでいます。一時期6億人近くまで下がったこともありましたが、コロナ・パンデミックにより飢餓人口は再び膨れ上がっているのです。その一方で世界の食品廃棄物（食べられるのに捨てられている食品）は9億トンにも上ると国連環境計画が2021年に発表しています。

俯瞰して言えば、地球上には78億人の人間を養うのに十分な食料があるにもかかわらず、分配や消費の都合で、その1割を超える8億人以上の人が飢えているのです。これを放置することは許されず、解決策は必ず見いだせるでしょう。

家庭の食品廃棄量の国別ランキングでは中国、インド、ナイジェリア、インドネシア、米国と続きます。人口が違うので単純比較はできませんが、1人当たりの年間廃棄量で見ると、多いのは豪州で一人当たり102キロも廃棄されており、欧米各国はだいたい70〜85キロ、日本は約64キロです。中国は日本とほぼ同じですが、ここ数年は増加傾向にあります。

日本の加工された食品や食材の総廃棄量は年間約2550万トン（生産量の約30％）です

が、ここから飼料等に転用したものを除いたものが、「食品ロス（食べられるのに捨てられる食品）」で、これが毎年600万トン以上あります。日本は食料自給率が低く、食料が戦略物資化されて輸入が滞れば、社会不安を招きます。カロリーベースでは60％強を輸入穀物に依存しており、品目別では大豆が94％、魚類43％、豚肉50％、果物60％を海外からの輸入に頼っています。

海外で買い付け、輸入しておきながら捨てるのは人道的にも非難を招きます。輸入食品は食品ロスだけでなく、輸送や保存で環境負荷も発生させていることを肝に銘ずるべきです。農水省は「2030年までに食品ロス50％削減」を宣言しました。食品に関連するすべての事業者が問題を共有し、今後は法人ごとの取り組み報告を義務付け、公表もする予定です。

食品関連産業は膨大な数の中堅・中小企業によって成り立っているため、まだ十分周知されているとは言えません。原材料の調達から、輸送・保管、加工、生産や梱包、流通を経て消費と、多様なプロセスそれぞれで廃棄の実態を調べることから始まりますが、成果を上げるには国民の理解と協力が不可欠です。

(2) 食品の大量廃棄問題を解決する試み

一般市民に向けたユニークな呼びかけもあります。私たちが利用する外食産業では年間130万トン前後が廃棄されており、そのうち最も廃棄率が高いのが宴会で、14％程度が廃棄されています。乾杯直後の30分は料理を楽しみ、また最後の10分も、残った料理を片付けようという「3010運動」です。

食べ残した料理の持ち帰りについては、海外と日本で習慣の差があります。アメリカでは残った料理を飼い犬の餌にしていた習慣から、ドギー・バッグに詰めて持ち帰ることが一般的です。リクルートライフスタイル社が行った消費者調査では、日本でも消費者の約9割が持ち帰りに賛成しています。しかし実際に持ち帰りに応じる飲食店は3割程度に留まります。経営者は8割、店長クラスも約半数が賛同していますが、スタッフの立場からすれば、手間や包装材のコストは掛かるものの、追加料金は取りづらく、あえてお店からお客へは勧めないというのが現実だそうです。

仮に持ち帰った食品から食中毒などの健康被害が発生した場合、責任の所在が不明になる恐れのあることがもう1つの要因です。持ち帰りは火を通した料理に限り、お客の自己責任とし、容器も実費を請求するように双方が歩み寄り、負担を受け入れないと食品ロスは解決しないのです。

私が駐在していたブラジルのサンパウロは美食の町としても有名です。日本に比べると大柄の人が多いので、料理の量も多く、身長１８０センチの私でも食べきれないほどです。そこで便利なのが「メイヤ」というサービスです。「半人分」という意味で、量は半分、料金は2～3割安い小盛メニューです。「ステーキもサラダもメイヤでお願いね！」と注文すれば両方美味しく楽しめて食べきれます。こういう工夫で料理を捨てないレストランが多いことは、食材の宝庫ブラジルでも大切な食習慣です。

日本でも回転ずしチェーンのくら寿司では「シャリプチ」などご飯半分のサービスがあります。これからは高齢者比率も高まり、ダイエットに励む人も多くなるので、このような工夫を参考に、顧客満足度と食材消費のデカップリング（２つの動きが連動しないこと）に挑むべきと思います。

（3）フルフィルメント（補給）の応用

消費した分だけ部品を随時補給するシステムは、自動車工場や、パソコンの製造ラインで人々が知恵を出し合って生み出されたノウハウです。あらかじめ在庫レベルを決めておき、使用量を見ながら、必要な部品を供給し随時需要を満たすという方法です。

食の世界でこれを活かしたのが「ビュッフェ」や「バイキング」スタイルで、多彩な料理を大皿に盛り付けて、お客がお皿から好きなものを適量選んで食べるこの方法は、レストランにスーパーマーケットの原理を組み合わせたと言えます。スタッフは品切れになる前に料理が補給できるようフロアから調理場に依頼します。作り過ぎや廃棄量を減らすのに有効な「食のイノベーション」です。

日本生まれの回転寿司も秀逸です。ブラジルのシュラスコは、大きな串に刺して焼いた肉の塊をスタッフがテーブルに持ち寄り、お客の要望に応じて切り分けてくれますし、香港の飲茶も、ワゴンに山積みされた蒸篭を各テーブルに出向いて注文に応えます。このように無駄なく、必要なモノを便利に提供するアイデアは、人間の知恵です。資源使用量を大きく削っても、快適さを減らさないアイデアも、きっと生み出せる気がします。

（４）各産業と、各段階における食品ロスの精査と削減可能性

食品ロス削減の取り組みは、食品の製造業、流通業、そして外食産業それぞれが協力することが重要です。

いくつかポイントを挙げると、過剰生産の防止。賞味期限に年と月のみを表示。マスターカートン（複数の個別包装をまとめて梱包する外箱）の汚れや破損は容認し、商品に問題がなければ返品しない。小容量での販売、量り売りなどで最後まで売り切る。３分の１ルールの見

直し（3分の1ルールとは、食品の製造日から賞味期限までを3分割し、納入は製造日から１／３以内、販売は２／３以内とする食品流通の慣行）。店単位の保管ロスの削減。食べ残しゼロ施策。提供量の見直しと自己責任での持ち帰りなどです。これらをさらにオペレーションレベルで深掘りすると、社内と社外でやるべきことが見えてきます。

（5）食品ロス削減とSDGs

食品ロスの削減がＳＤＧｓの17のゴールとどういう関係にあるのかを整理すると

ゴール２：世界の食品生産量の総量は世界人口を養うのに十分。その分配と食品ロスを見直して解決すべき。飢餓人口は減らせる。先進国でも家庭の飢餓を減らし、犯罪や偏見をなくす。

ゴール４：人々を「食の不安」から解放し、教育を受ける機会を増やす。

ゴール８：食品ロス削減は他の資源の有効活用やリサイクル技術の開発にも寄与。新たな活力が生まれ、経済の成長を促す。

ゴール９：食のバリューチェーンの見直し「６次産業化」でイノベーションを興す。

ゴール12：海外の資源や食材に依存する日本だからこそ「資源循環」の手本を示す。

ゴール13：本当に必要なモノだけを移動し、CO_2の排出を大幅に削減する。

ゴール17：グローバルな課題に協働できる様々なパートナーを獲得する。

食は人間を繋ぎ、社会を支えています。各目標が相互に改善しあう関係が重要だと思います。

（6）食品ロスと新技術への期待

廃棄される食品を資材として見直し、再利用する技術が次々と開発されています。アメリカ西海岸のＴｒｅａｓｕｒｅ８社は廃棄食材をペットフードなどの新しい商品に転換するアップサイクル（オリジナルより価値の高い製品への再生）を実現しています。環境負荷の削減と、食品廃棄物から新たな商品を生み出す一石二鳥の試みです。

生活習慣病の中でも、糖尿病は基礎疾患としてさまざまな疾病を誘発します。砂糖を使わない甘味料も開発の余地をたくさん残していますが、規格外のパイナップルをケーキの材料に取り入れて甘みを引き出したり、今まで廃棄されていたカカオフルーツの皮や果肉で砂糖を使わないチョコレートなどが開発されています。廃棄食材から水分・酢酸・乳酸・アルコールなどの有機化合物を抽出し、家庭用洗剤を作っている会社もあります。省資源に加え、廃棄食材からも価値を生む、両面での改善となります。

人間は、新たな条件や制約を設けられると、挑戦者魂に火がついて、研究開発に取り組み、予想もしなかった発明を生むことがあります。ここで肝心なのは、リサイクルやアップサイクルで作られた品々の需要をいかに掘り起こすかで、これは、行政、メーカー、広告代理店などのステークホルダーと共に、私たち消費者が参加し、知恵を出し合うことでエシカル消費を盛り上げていきたいと思います（エシカル消費とは、消費者が倫理感を持ち、社会や環境に配慮して商品を選び、「選択的消費」によって人や環境、社会をよくしていこうという消費行動・スタイルのこと。具体的にはフェアトレードマークの付いた商品を選ぶなど）。

(7) 家庭の廃棄物削減のカギ

昭和の半ばには、食材の買い出しと言えば、家の「買い物かご」を持って商店を巡るのが普通でした。魚の切り身は新聞紙で包み、お菓子は量り売りでしたので、薄い紙袋に入れてもらいました。当時を振り返ると随分エコな生活をしていたわけです。

薄くて軽く、衛生的で丈夫なプラスチック袋はコストも安く大変便利です。プラスチックのない生活はもはや考えられません。プラスチックを徹底的に減らすのは現実的とは思えません。見直すべき点は、一度使っただけでゴミとして捨てるのを止め、道端や川に捨てられて自然界に出る量をどう減らすかということです。

食品ロスとプラスチック袋を減らすには、「量り売り」のよさに再び注目したいと思います。環境意識の高い一部のスーパーマーケットではすでに量り売りに移行し、消費者からも支持を得ています。廃棄物を出さない生活はなかなか快適なものです。

まとめ

・ごみを見つめ直すことで、循環社会への道標が見えてくる。
・ごみは本当にごみなのか、資源として改めて考えてみる。

第6節●リサイクルが変える世界

1　リサイクル技術と循環型社会への寄与

リサイクルは、その特性から大きく3つに分けられます。単純に言えば、燃やして熱を利用する、材料レベルに戻して再利用する、分子レベルまで分解して原料として再利用するということになります。

(1)　サーマルリサイクル（熱回収）

日本では大半のごみを焼却し、発生する熱エネルギーを回収して暖房や温水プール、蒸気タービンを使った発電などに利用しています。回収率90％と言われるペットボトルも、実は55％を焼却しています。日本では熱回収もリサイクルと呼んでいますが、欧米ではリサイクルとは認めていませんので、欧米基準でのリサイクルは30％強となります。また海外に引き取ってもらっている20％を差し引けば、10％程度しかリサイクルされていません。

(2) マテリアルリサイクル（材料還元）

もとの材料とほぼ同じ状態に戻してリサイクルすることで、再資源化とも呼ばれます。回収後に寸断したり延ばして利用しやすいように処理し、同じ材料として新しい品物にすることです。ガラスの瓶を溶かして別のガラス製品にする、古民家の梁をカウンターの板材に使うなどです。商品企画の段階から、リサイクルを念頭におき、色や形状、配合物を減らして明記すれば、さらにリサイクルしやすくなります。

(3) ケミカルリサイクル（化学還元）

化学反応によって廃棄物を分子レベルまで分解してリサイクルする方法です。回収した天ぷら油をバイオ燃料にしたり、卵の殻を粉砕して内装塗料にしたり、家畜の排せつ物からバイオガスを作る事例などがあります。ペットボトルのケミカルリサイクルもようやく商業ベースに乗りつつあり、理想の資源循環と言えます。「循環型社会形成推進基本法」では、優先順位としてリデュース→リユース→リサイクル→熱回収→廃棄処分の順番でリサイクルするように推奨されています。

２　廃棄物の再生で技術革新を促す

製品が消費された後に、別の商品に再生されれば、経済成長と資源消費は連動せず、デカップリング（相関関係の分離）が可能になります。まずは製品を作りすぎないように適量を生産し、消費した後は、ケミカルリサイクルやアップサイクルすることで新しい事業の芽が生まれます。これが私たちの残すべきレガシーです。欧州ではリサイクルを法制化し、国ぐるみで産業競争力に結び付けようという戦略が見られます。経済安全保障策の一環として、価格一辺倒の製品に対する「正当な障壁」となるからです。

課題を抱える産業として先述したアパレル業界では、リサイクル技術の開発事例が多数見られます。

・ポリエステルの水平リサイクル：大手アパレルブランドが、古着を分子レベルまで分解し再結合して作るケミカルリサイクル再生繊維「ＲＥＮＵ」を採用したことは明るい話題です。２０３０年までには多くのグローバルブランドが再生ポリエステルを活用していることでしょう。

・ナイロンの水平リサイクル：リサイクルナイロン「ＥＣＯＮＹＬ（エコニール）」は、日本の総合商社とイタリア企業の協働で開発され、ケミカルリサイクルによって使用済みナイロンの不純物を除き、再生して作ります。品質や機能もバージン・ナイロンに見劣りしないとされ、欧州の有名ブランドらが採用しています。ナイロンはその強度ゆえに旅行バッグ、漁網、衣料品、梱包材など大量に使用されていますので社会的インパクトも大きく、この技術によりCO$_2$排出量を従来比で9割も削減する効果があると期待されています。

・綿花製品に関しても、いくつかの認証機関が持続可能なコットンの利用推進に向け、普及啓発を行っています。

・GOTS：オーガニックな繊維製品を認証する国際基準。バリューチェーン全体を通じて環境・人権・労働に配慮した規定を設けています。

・BCI：ベターコットンイニシアチブ。水の使用量や化学薬品の制限、労働環境など、持続可能な綿花栽培を目指し、農家・紡績・商社・工場・小売り・ブランドなどのマルチ・ステークホルダーが参加しています。

・フェアトレード・コットン：バリューチェーンの各工程において社会的・環境的・経済的基準を定めた国際フェアトレード基準が守られていることを証明します。適正な価格と地域の発展施策など、社会や環境への配慮を求めています。

衣料品の素材としては50％超をポリエステルが占めていますが、リサイクルポリエステルの利用はようやく13～14%と、市場で存在感を持ち始めました。リサイクル繊維への移行の速さと採用率が、持続可能性のバロメーターでしょう。

3　リサイクル・マテリアル市場の形成

今後、リサイクル素材の市場はどうなるのでしょうか？ 近年アメリカでは取引量が伸び、市場価格が高騰しています。紙類、繊維、樹脂、金属類の買取価格の上昇傾向は今後の需要拡大の兆しと映ります。今後、リサイクル可能な消費物がきちんと分別されるにつれて、リサイクル資材の市場は安定的に成長し、消費者からの還流ルートが整備され、ますますリサイクルが普及します。古着など、消費者の手に渡ったあとの資源を指す「ポストコンシューマー資源」がこれからの都市資源として新しい市場を作り、同時に原料の採掘や輸入にかかるCO_2排出を削減していきます。

4　リバースロジスティクス――「静脈物流」の整備に向けて

私たちの健康維持に不可欠なのは、還流機能です。食事をとると消化して栄養と水分を吸収し排泄するという一方通行の流れがあります。それと連動して肺で酸素を吸収し、大動脈から毛細血管を通じて体の隅々まで酸素を届け、その後、不要物を回収して静脈を通り、腎臓に戻してから心臓に帰るという循環システムが備わっています。前述したバイオミメティクスの観点から、廃棄物を分別し製造現場にリサイクル資材として還流させる動きを「静脈物流」と呼びます。現在はこの静脈物流の整備が不十分です。今後さまざまな業界が協働で作り上げる静脈物流網を、ライバル企業とも共有できるとよいでしょう。

ゴミの資源活用に専念してきたレコテック社は、オンワード樫山と三陽商会両社の廃プラスチックを回収し、マテリアルリサイクル施設に還流して再生する事業を推進しています。廃棄物データを処理するアプリを提供して廃プラスチックの量と種類を可視化することで、メーカーでは困難な資源循環や、ライバル企業との協働も可能にします。副業やリモートワークをうまく利用し、行政の支援や、異業種の参加によって資源循環プラットフォームとしての静脈物流を完成させ、日本に新たな活力を生むのです。

東京都の東大和市では、花王とユニリーバがプラスチック容器の資源循環に取り組み、洗剤などのボトル容器の水平リサイクルを目指しています。水平リサイクルとは、製品が回収されて資源となり、再び同じ製品が作られるリサイクルことです。消費者、小売業、リサイクル業者、自治体が参加するこの実証実験が成功すれば、この動きは食品や医薬、雑貨など多くの業界に広がり、人口の多い都市を起点として蜘蛛の巣状に広がっていくでしょう。

今後は長期間使用することを念頭にメーカーや商品でバラバラだったデザインを集約し、ラベルを印刷するだけで差別化を図るようになると思います。メーカーを問わず洗浄や分別・回収を容易にしないと、消費者にその努力を押し付けてはうまくいかないからです。

企業はライバル企業とも「協創領域」で協力し、「競争領域」で戦う必要があります。協創領域では回収ボックスを共同で設置したり、回収車を共同運行することで静脈物流の経費を下げることができます。

家電メーカー間では大型量販店への製品配送で協働しています。一昔前は、売れ筋や不稼働在庫の情報が洩れるとか、商品の扱いが粗雑になると心配する人もいましたが、それを上回る価値が見いだされると、企業は協力し合えます。

5　SDGsのゴール#17――新たな連携

環境保護に熱心な、アウトドア用品メーカーのパタゴニア社も、ケミカルリサイクルを推進してきました。ポリエステル、ナイロンに留まらず、複数の天然繊維でもケミカルリサイクルを実施しています。

このようなリーダーには、そのノウハウを企業に帰属させず、公益情報資産として開放し、行政もそのような情報資産提供には法人税の軽減などで応えて頂きたいものです。産業界全体で公益に貢献すれば、最先端の技術やグローバルなインフラ構築を可能にするチャンスが飛躍的に高まるからです。

すべての素材・原料・資材のリサイクルには分別、輸送、洗浄など共通の課題が多いと思います。より多くの業界を巻き込むことで公益知は拡充され、産官学の連携機会も増えます。21世紀は、協創と競争の住み分けを実践できる企業が大きく伸びるでしょう。

6　循環経済パートナーシップ

国内企業向けに資源循環型社会を目指す官民連携が、２０２１年3月にできました。ペットボトル／家電・電気電子機器／自動車・バッテリー／リサイクルの新技術／新ビジネスモデル／製造／販売・回収の連携／プラスチック循環の７つの分野で、知見を共有し、実用化を推進するイニシアチブです。約１５０の企業・団体が参加し、個社の利益を超えた公益価値を創造します。

持続可能な社会で暮らすことは、最も大切な市民の権利であり、また次世代に対する私たちの義務でもあるのです。

まとめ

・リサイクルが作る持続可能性。
・リサイクルによる企業の新たな可能性。

自然を傷つけないビジネスの成功

ザンビアのサステナブルツーリズム

ゾウの間近でその生態を観察できる。
野生動物と人間の持続可能な関係が生まれている。

第4章

2040年からの提言

第1節●なぜ2040年か

2040年は、今のビジネスパーソンにとって、将来というよりも〝明後日〟くらいの感覚でやって来ると思って頂きたい近未来です。組織を動かすコツを掴み、市場の動きも読めるようになると、業務に追われ時間が経つのが速く感じられます。周囲に頼られ、仕事に没頭すると、時間の経過を意識しにくくなるからです。

これから2040年までの時間も「十年一日の如く」時間をやりすごしていてはもったいないと思います。「光陰矢の如く」、歳月が過ぎ去っていくのなら、その時目指すべき世界について、今、議論し、今、行動を始める必要があるのではないでしょうか。

1　2040年の世界予測

2030年を目標達成期限とするSDGs。目標が着実に達成されれば、社会は若者たちにとって住みよい場所に改善されているはずです。しかし、パンデミックに翻弄され、2015年から着々と推進してきたSDGsの成果の中には、ここに来て後退したものもあります。「SDGsの目標達成にはさらに時間を要し、目標年を10年先に延ばすべきではないか」という議論すら出ています。しかし、地球規模課題には科学的データを根拠として解決の期限を設けたものも多く、期限を延ばしては、取り返しのつかない事態を招くものもあります。

米国の「国家情報会議」は大統領選挙に合わせるように、20年後の世界情勢にかかわる多くの要素を分析し、世界がどう展開するかという予測シナリオを新大統領に提示しています。2020年の報告書では、20年後の世界に、大きく影響する要素を次のように挙げています。

・**人口動態**：増加のペースは鈍化し、各国で高齢化が進む。中南米、アジア太平洋、中近東・アフリカから難民や移民が増え、「移民の管理」が重要になる。異常気象によって開発途上国における食料・水・公衆衛生・エネルギー等の問題は深刻化する。

・**経済**：コロナ以降も感染症対策への財政出動で各国の公的債務が増え、その膨張を食い止められなければ破綻する国家も出てくる。

・**テクノロジー**：6GやAIで技術革新や社会のイノベーションは進むが、結果として社会・産業・安全保障などに新たな分断や緊張が生じる。

・**不平等の拡大**：国連やWHO等の国際機関の課題解決力の限界が見られ、今後は非国家主体（nonstate actors）が台頭する。

この時点では予測は大方合っていますが、ロシアのウクライナ侵攻までは予測されていなかったようです。国家情報会議はこの分析に基づき次の5つの予測シナリオをまとめ、バイデン新政権に提示しています。

① **民主主義の復権**：米国と同盟国が主導する「開かれた民主主義」が広がる。中国・ロシアは統制や監視を強化し、イノベーションを阻害する。科学者や起業家は欧米に亡命し、専制国家は衰退する。

② **行き場を見失う世界**：リーダー不在で世界は方向性を見失い、不安定になる。OECD諸国の経済成長は鈍化し、社会は分裂し政治も停滞する。中国は指導力を発揮できず、グローバルな課題が未解決のまま残る。

③ **ライバルとしての共存**：米・中は競い合いながら共存。経済成長に互いを必要とし、相

反する政治システムでありながら市場経済や資源を巡って競争関係を維持する。

④ **地域経済ブロックへの分散**：経済のグローバル化が必ずしも効率的ではなくなり、地域別に複数の経済・安全保障ブロックに分散し、その中で社会資本が循環する。

⑤ **避けるべき惨劇とその影響**：地球環境の壊滅的な悪化を食い止められず、国家を維持できないところもある。気候変動が食糧危機を招き、人類が存亡をかけて最後の協働に向けて動き出す。

これを読んで、どう思うでしょうか。これからの20年は「私たち自身が参加し、軌道修正をしなくてはならない世界史の曲がり角」です。「失敗の許されない20年」となります。そこには米中の覇権争いに翻弄されず、欧州の長期社会ビジョンや私たち日本の創意工夫と調和力が有効に活かされるべきですし、２０４０年に社会の主役になる若者たちが参加しなくては、世代間の公平は失われます。

もはや国益を守るという狭い視座ではなく、地球のあるべき姿を世界のリーダーや若者と議論し、日本の役割を見極める発想が必要になってきます。

2　科学的に見た地球の収容力の限界

「地球の限界（Planetary Boundary）」は２００９年に発表された、環境学者Ｊ・ロックストローム氏らの論文です。私たち人間が、地球上で安全に暮らすために、科学的見地から９つの条件を挙げています。その限界点を超えてしまうと、私たちの安全な生活は崩壊の危機に近づくという警告でもあります。すでに限界を超えて悪化しているもの、例えば気候変動や生物多様性の喪失、海洋の酸性化などは放置できないということで、国際会議で対応が議論されてきました。

身近な例としては、２０１５年の暮れにパリ郊外で開催された「国連気候変動枠組条約締結国会議（ＣＯＰ21）」があります。１５９の国や地域が参加し、全会一致で「パリ協定」が締結されました。この会議の直前には、パリで大規模な無差別テロが発生し、死者１３０人、負傷者３５２人を出しました。ＷＷＦジャパンの気候変動チームをパリに行かせて大丈夫か随分悩みましたが、フランス政府の確固たる意志と厳戒態勢の中、ＣＯＰ21は開催され、ＷＷＦチームも参加しました。気候変動のリスクの大きさが人々を突き動かしたのです。

さて、２０４０年の世界はどうなっているのでしょうか？　ＩＰＣＣ（気候変動に関する政府間パネル）は先日、地球の平均気温上昇について3年前に発表した予測が10年も早まり、２０４０年には１・５℃上昇に到達すると発表しました。それは極端な猛暑が今の2倍となり、台風も増えて、農業の被害や水害も深刻になると述べています。氷河は解け続け、気温上昇は加速すると警鐘を鳴らしています。繊細で絶妙なバランスが失われれば回復は困難です。

気候危機は大気中に含まれる二酸化炭素濃度が０・０００２８から０・０００４１になっただけで引き起こされます。大変小さな変化のように見えますが、これが気温上昇や気象災害の激甚化を招く原因だとすれば、大変憂慮すべき変化となります。

長期的な温室効果ガスの影響を30年も前から研究していた真鍋淑郎氏がノーベル物理学賞を受賞されたのは快挙でした。仮説を証明しながら将来の影響について発表するのは大変勇気のいることです。利害が対立する世界中の企業や政治家から疑念や批判を受けたであろうことは想像に難くありません。真実を追求した結果、不都合な結論が導き出されても、目を背けない勇気に感謝したいと思います。

ビジネスの世界ではリスクの影響が証明されないと対処を先送りにする人が多いものです

が、サステナブルな社会に向けては、このような態度は改めなければなりません。虫歯の兆しを放置しても、自然に治ることがないように、勇気をもって行動できるリーダーがいなければ社会は進むべき道を誤ります。

まとめ

・2040年の姿を科学という視点から見てみる。
・地球の限界が近づいている。

第2節●世界を導く「Youth-quake」の力

1　2060年の社会を考える若いリーダー

「Youth-quake（ユースクェイク）」とは、若者と地震を合わせた言葉で、「若者の改革力」を意味する造語です。歴史を振り返ると、社会が大きく変化した時は、常に若く傑出したリーダーたちがこれを先導しています。

坂本龍馬が世界の勢力図と日本の実力から、新体制を模索し、次世代の指導者層を探して奔走したのは26歳のとき。ジョン・F・ケネディは裕福な家庭に育ちながら、社会格差を改善しようと29歳で下院議員なりました。ビル・ゲイツは22歳でマイクロソフトを創立し、ニュージーランドの首相J・アーダーン氏も21歳の時に英国のT・ブレア首相の事務所でインターンとして政治を学び始めています。

若者には、理想を求めて突き進むエネルギーがあります。その熱量ゆえに、経験不足による判断ミスをしたり、心身を消耗することもありますが、利害を超越して夢を実現しようという情熱は山を動かします。

若いエネルギーを活かせるように支援するのは、国際社会のリーダーの一人である日本の使命だと思います。現在の10代から30代の若者は２０４０年に社会のリーダーとして重責を担うでしょう。そして、彼らが２０４０年に考えるべきはさらに先の２０６０年～２０７０年の世界でしょう。

２０６０年は気候変動対策を実施しても、今よりもかなり住みにくい環境になっていると思われます。「なぜ科学に基づいて行動しなかったのか」「議論ばかりで行動が遅い」「将来世代に重い負担を押し付けた」という憤懣（ふんまん）を抱かせてはあまりにも気の毒です。

２０４０年の社会に向けては、今までの経済成長至上モデルを適用できないことが明白な以上、２０６０年にはさらに資源循環し、高い社会的価値を生む企業しか生き残れなくなるでしょう。

マネジメントで持つべき心得として、まずは問題を直視し、解決を先延ばしにしないこと、そして出処進退を潔く決することが重要です。

「make yourself successfully redundant（自分が成功裏にお払い箱になるように、後輩を育て、役職を引き渡せ）」という言葉を私はノートに書き留めています。これはベルリン駐在中に上司だった、ジャン・ミシェル・ペルベ氏（元ソニーヨーロッパ社長）の口癖です。〝全力疾走したあとは舞台を若者に譲り、さらに大きな挑戦に進む〟という意味が込められています。主役の座を譲るには未練も不安もありますが、部下を育て任せる。自分は新たな挑戦を楽しもうと心掛けていれば、意外とチャンスは巡ってくるのです。

2　ＳＤＧｓはこれからのリーダーの必修科目

世界の社会課題解決運動・ＳＤＧｓは、各国の教育カリキュラムにも採択されています。日本では２０２０年度から小学校、翌年から中学校で、そして２０２２年から高校で正式に教えています。サステナビリティの重要性を学んだ若者たちは、就職先や消費者としてサステナブルな企業かをチェックしブランドを選ぶようになります。

サステナビリティ教育はすでに2～4歳児から始まっており、講談社の幼児向けの雑誌『おともだち』ではＳＤＧｓ特集を組んでいます。親子で一緒にＳＤＧｓを学ぶ、まさに〝ＳＤＧｓネイティブ〟の誕生です。

全国の有名私立中学でも受験にＳＤＧｓの基礎を出題しています。ユネスコ・スクールに認定された１０００校でも、54のインターナショナル・バカロレア（海外の大学入試要件を満たす学校）でもサステナビリティについての論文を書かせ、提案力を磨いています。自分事としてサステナブルな社会への変容を主張できる若者が、今では世界の3分の1を占めるほどに増えているのです。

3　2040年はジェネレーションY～Zが実質消費を左右する

学校でSDGsを学ぶ世界の就学人口の約25億人と、この若者たちの親世代にあたる約20億人の人々を足した45億人が、サステナブルな消費者として商品やサービスを吟味していきます。

最近は「エシカル消費」という言葉をよく耳にしますが、これは消費を通じて社会課題を改善する暮らし方をいいます。エシカル消費者は、企業がサステナビリティにどう取り組んでいるかを問うようになってきています。

消費者庁の調査では「環境や人権に配慮した商品を選びたい」という消費者が約6割と言われますが、実際にそういう商品を購入した経験のある消費者は未だ3割に留まっています。サステナビリティに配慮したものとそうでない商品と値差の許容範囲は、商品カテゴリーによってまちまちですが、10％未満と言われます。国際認証のマークや、商品の説明を見て、安心して使える商品を選ぶ消費者の割合が着実に増えています。

今までの「モノを所有することで幸福を感じた世代」が徐々に消費の主役から去り、ＳＤＧｓ世代が消費を牽引し始めると、求められる商品やサービスは大きく変化します。バリューチェーンを通じて、どこかに人権侵害や児童労働、環境汚染などの懸念があれば、企業がそれを隠そうとしてもいずれは知れ渡ってしまいます。従業員や関連企業の人々がＳＮＳ等のパーソナル・メディアで呟くことは止められないからです。問題が公表されれば、ＮＧＯやマスコミの調査を待たずに消費者の目に晒されます。21世紀には、消費者の目が届かない場所はないと考えた方がよさそうです。

まとめ

- これからの地球の主役はジェネレーションＹ～Ｚ。
- ＳＤＧｓへの理解、行動は若きリーダーの必須項目。

第3節●民主主義の真意はどこにある?

1　少数意見の価値

民主主義は、多様な意見を聞いて、意見が分かれるときは多数決で決めるのが基本ですが、私たちはこれを「多数決主義」とは呼びません。何故なら、そこにすべての人が幸せに暮らせるよう、少数意見にも耳を傾け、最大限に民意を反映したいからです。

「ディベート」が盛んな欧米では、議員や政策を選ぶ際は必ずと言ってよいほど対立する意見をぶつけ合い、双方の長所・短所を比べてから採決します。日本人は理論武装で相手を論破しては、怨みを買うのではと憂慮します。

私は学生時代にESS（英語会）でディベートに明け暮れた時期があります。テーマが設定され、賛成・反対の立場で討論し、審判の支持を勝ち取る競技です。賛否の立場は試合直前に決まるので、両方の立場で、どちらでも主張できるよう準備が必要です。有識者の意見やデータを集め、論点を分かりやすく示し、自分の提案を採択するように促す知的ゲームです。社会には少数民族や、外国人、病人や障碍のある人など、マイノリティと言われる人々がおり、そういう人々が公平に安心して暮らすには、立場を換えて考える習慣が必要なのです。対立する相手の立場で考え、配慮することに民主主義の優位性があります。

マスメディアは「第4の権力」と言われ、国民の耳となり、国民を代弁する声になります。しかし、時としてメディアは権力に抑え込まれ、あるいは情報操作されてしまいます。政治によるメディア圧力は日本の民主主義ランキングを貶める結果を生んでいます。

私は国際環境NGOで「第5の力」となるよう努力してきました。NGOは社会課題の解決に向け、独自に現地の事実を調査し、実態を公表したり、行政や企業に対話を申し入れます。私の知る限り、NGOは清廉な職員が多く、有効な解決策を提示しています。手法は団体によってさまざまですが、社会の需要なステークホルダーとしてもっと機会が与えられるべきだと感じていました。

先述したV―Demによれば冷戦終結後、民主主義国家は87カ国まで増えました。しかし別の調査では、民主主義が実際に機能している国は20カ国程度しかなく、人口比では全世界の5％に満たないという結果でした。日本でも選挙に行かず、政策に無関心な層が増えてくると民主主義は形骸化しかねません。

昨今では国民の不安や不満に乗じて体制を批判し、大衆を煽る「民衆主義者」が跋扈(ばっこ)しています。問題を単純化し、敵をでっち上げています。民主主義の持続可能性は一人ひとりの参加意識にかかっています。

2　声なき声に応えられる社会

今の社会は次世代についての配慮があまりにも欠落しています。暮らしを守るのに精いっぱいで、未来への影響まで考える余裕がないのか、科学技術の進歩がいずれ問題を解決してくれると楽観しているのかは不明ですが、非常に危険で無責任な発想です。科学技術は、ずっと先の世代に大きな負担を強いてしまう選択肢をも与えてしまいました。かつて誰も手にした経験がない力をどう制御すべきか、将来世代の立場に身を置いて判断する慎重さが欠かせません。

日本には「空気を読む」という特技で結論が左右されることがあります。「以心伝心」「予定調和」「同調圧」「根回し」などなど、外国人に対しては説明が難しい文化です。議論がヒートアップせず、責任追及がされないことに疑念を抱く外国人社員もいます。日本には「長幼の序」や「惻隠(そくいん)の情」というものがあり、大勢の前で上司を論破したり、恥をかかせるのは良くないと解説はしたものの、それでよいのかと疑問を感じます。

まとめ

・民主主義は、単純な多数決主義ではない。
・小さな声、声なき声にも応えられる社会こそ真の民主主義。

第4節●ＳＤＧｓの認知加速がもたらす変化

1　就活生の志望企業選択基準

大学の入社志望ランキングは時代を映す鏡と言われてきました。総合商社や損害保険、広告代理店や航空会社が上位を占めた時代や、グローバルメーカーや銀行に人気が集まった時期もあります。

しかしここ数年は新たな視点が加わったようです。それは「社会に必要な価値を長期にわたって提供できる企業か」というものです。以前は面接官の質問に向けて就活生がＳＤＧｓの基本を暗記していましたが、今では学生が企業にサステナビリティ施策を確認しています。そうしないと、将来性を判断できないと言うのです。

２０２１年に就職活動を始めた大学生を対象に、「企業を選ぶ際に何を重視するか」と聞いたところ、１位は社会貢献度（30％）、２位は将来性（29％）、３位は職場の雰囲気（27％）、

４位は待遇・給与（26％）、５位は福利厚生（26％）との回答結果でした。就職活動中に企業の採用担当者に聞きたいことを尋ねると、「ＳＤＧｓに携わった社員から直接話を聞きたい」「収益と社会貢献の両立に対する経営者の考えは？」「ＳＤＧｓで残した実績は？」などだそうです。学生たちの明らかな価値観の変化を示しています。

働き方については、

・ワークライフバランスを最優先する。
・リモートワークは必要。
・昇格しても部下の管理はしたくない。
・出張は行くが海外駐在は困る。
・長期休暇と副業は譲れない。

など、なかなか手強い若者像が浮かび上がります。ただ、彼らは未成熟ではなく、情報収集に長け、分析も的確で無駄がなく、初めから肩の力が抜けていると言うか、群れずに生き、情熱を表に出さないなど、学ぶべきポイントもたくさんありそうです。

そういう若者からの「事業と社会の持続可能性」に関する質問。これは単に商品やサービスが売れているかではなく、どの社会課題に結び付き、解決に貢献できているかという問いです。ＳＤＧｓの理念を理解し、国内外の社会課題を解決する。そこに企業の存在意義を見いだす若者が増えているのです。

2　サステナブル人財の使命

近ごろ、「環境部」や「ＣＳＲ部」から「サステナビリティ推進部」に名称変更をする企業が増えてきました。関連部署を統合し、企業全体のサステナビリティを推進することを意識した組織再編です。

ＥＳＧ投資を活用し、財務部やＩＲ部門や経営リスクに備える経営企画室、リスクを避けて原料や資材を確保しなければならない調達部門など、会社の持続可能な成長には多くの部署が連携し、一貫したサステナビリティ方針の下で協力する必要があります。

従来はお付き合い程度に社会的責任を果たしてきたＣＳＲ部も、これからは社内の関係部署に働きかけ、リスクを特定し、事業を通じて社会の課題解決に挑み、投資家や消費者に伝えていかなければならないのです。

今までは事業全体を俯瞰してサステナビリティを推進するポジションはなかったので、適任者はまだ少ないと思いますが、企業の運命を左右するだけに、優秀な若手に担当して頂きたいと思います。

まとめ

・就活生の志望企業選択の基準の１つにＳＤＧｓが入っている。
・サステナビリティが企業の力を大きくする。

未来を切り開くのは
いつも若いリーダーたち

ソニーブラジル社の研修生たち
未来を担う若きリーダー予備軍は驚くほど明るくガッツがある。

第5章

22世紀の老舗（SHINISE）とは？

第1節●老舗とSHINISEの違い

老舗と呼ばれる企業は、経営が堅実で、事業を承継する有為なリーダーを育て、社会に対して脈々と価値を提供してきた結果と言えます。

高度経済成長に、世界から〝Japan as number one〟などと称賛された1980年代になると、会社の規模が「信頼の証」となり、立派な本社ビルや、売り上げ規模、従業員数による企業評価が主流になりました。2100年には何が企業の評価基準になっているのでしょうか。

老舗には、固定客が多い旅館や、味にこだわる料亭、和装や伝統芸能の道具などを作る専門店が多いのですが、社会の変化を読んで事業を大きく変えながら成長した老舗企業も多数あります。

世界を席巻したキヤノンは現在、カメラ事業の売上は全体の19%程度に過ぎず、オフィス用複合機が55％を占め、産業用機器16％、医療機器14％など、新事業が会社を支えています。

富士フイルムはカメラがデジタル化されて以降、フィルム分野は医療用レントゲンフィルムなどの業務用に絞り込みつつ、医療用機材、オフィス機器、放送局用カメラレンズ、データストレージ、化粧品、医薬品などが売り上げの大半を占めています。

フィンランドのＮＯＫＩＡも、大きな変容を続けてきた会社です。１８６５年の創業当時は製紙会社でしたが、その後、自動車の普及に合わせてタイヤを製造し、テレビや電卓生産で市場を拡大しました。こうして技術の進化と社会の変化の中に市場機会を見いだしながら、莫大な資金と企業買収で携帯電話開発に踏み切り、世界トップブランドに昇り詰めました。現在は通信インフラで世界2位のシェアを持ち、アフリカの携帯電話の普及などに貢献しています。時代を読む力や機動力もサステナブル企業の要件だと思います。

過当競争で収益が悪化すれば潔く撤退し、新しい技術開発によって今までなかった市場を創り上げていける企業は魅力的です。経営理念を遵守し、事業ポートフォリオを常に見直している企業は、マンネリ化や精神的老いとは無縁です。「人間が老いるのは、老齢に達したからではなく、好奇心が衰えた時」という格言を思い出します。「理想を失くした時が老化の始まり」という言葉も耳にしますが、企業が若さを保つ秘訣はこれらと同じことなのです。

1　地球と人間の新しい関係

地球は大きな生命体として、おびただしい種類の生き物を育んできました。10万年前にアフリカ大陸で誕生した人類が、他の大陸に移動を始め、人間は資源を活用しながら開発を行ってきました。そして19世紀半ばの産業革命以降、２００年足らずの間に、我々は誰も想像できなかった支配力を手中に収めたのです。強大な力、しかし仮に悪用されれば人類も地球も破壊し尽くしてしまう、とてつもない力です。

産業革命は、人類に大きな転換点を作りました。人間は技術開発力を競う中で、地球を征服したかのような錯覚に陥りました。自然は人間と他の生きものが公平に暮らす神聖な空間ではなく、重機を使って切り拓く対象にしてしまったのです。

人類が生み出した技術の発展は、世界人口を増やすことに大きく貢献しました。さまざまな分野で技術開発が進み、その応用が相乗効果を生んだのです。

まず農業の生産効率が飛躍的に伸びました。農機具や運搬技術の進歩で、生産は消費を上回るようになり、余剰分は遠方の需要地に運んで売ったり、備蓄することが可能になりました。こうして天候不順や干ばつが襲っても人々は生き延びられるようになったのです。

絹の生産で世界首位を占めていた日本でも１８８４年に年間２０００トンだった絹糸の生産高は、１９１１年には６倍強の１万２８００トンに急増しました。同時期の英国と日本の国民一人当たりのＧＤＰの伸びを見ても、20年程度の短い期間に共に５～７倍の伸びを示しています。

19世紀の後半は医学の発展の黄金期と言われ、感染症の研究が進み、「多産多死」の時代から子どもたちが大人になるまで生き残れるようになり、人間の増殖が本格化しました。

21世紀は増え続ける人口と地球環境の資源再生力を均衡させ、持続可能な生産と消費を均衡させなければならない時代です。持続可能な社

図表８　世界人口の推移（推計値）

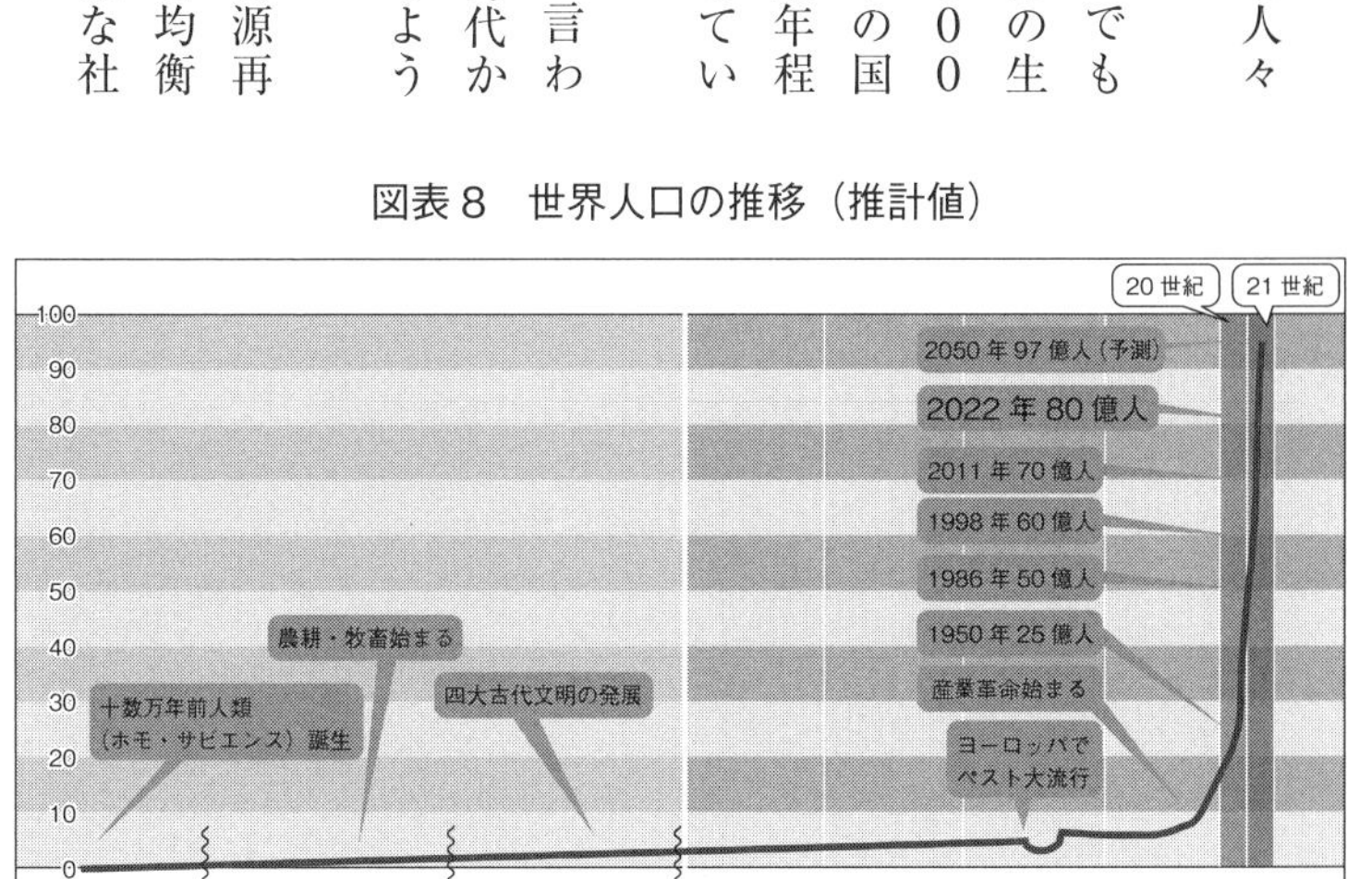

（出典：UNFPA駐日事務所）

会への変革こそが、私たちに課された「時代の要請」なのです。

まとめ

・世界人口のピークを乗り切るには、新しい発想が必要。
・常に変革し続けてきたからこそ、SHINISEとなれた。

第2節●会社経営に大きな影響をもたらすSDGs

1　CSRとSDGs

日本は高度経済成長期に社会インフラの整備を急ぎ、これに伴って発生した公害の原因究明と被害者救済に苦心しました。この苦い経験から、企業活動の負の影響を予見し対策を講じる「未然防止」の重要性が理解されました。米国では1990年代に不正会計など大企業のスキャンダルが続き、サーベンス・オクスリー法（SOX法・企業改革法）が生まれました。企業は社会への影響に配慮し、利益の一部を社会に還元するCSR（企業の社会的責任）の概念が生まれ、経営者にも浸透しました。しかし、これはあくまで社会統制の中で利益の一部を社会に還元するという「おすそわけ行為」に過ぎず、企業が未来社会のビジョンを掲げて、その実現に寄与するというものとはレベルが異なるものでした。

これに対し2010年頃からは、企業の事業そのものを通じて、公益に資するべきだという「CSVの発想」（Creating Shared Value）が勃興します。「会社は公器」の例えがあるように、この考えが経営理念に合うと考える経営者が日本でも増えました。日本では「社訓」や「社是」などがあり、企業経営にも根付いているからではないかと思います。

ＳＤＧｓでは、企業がバランスよく社会や投資家、消費者の利益を追求し、従業員には学びや成長の機会を与え、事業を通じてステークホルダーの要望に応えることを使命と考えており、若い世代の支持を集めています。ＳＤＧｓでは社会を良くすることを目指しているので、ＣＳＲのように「利益が出たら」とか「批判を受けないために」という考え方とは違い、もっと本質的な「共益」を重視します。

ＣＳＲは、リスク対策の１つに過ぎず、経営会議に対して強い意見や諫言（かんげん）を述べられなかったのに対し、ＳＤＧｓに取り組む「サステナビリティ推進部」は、経営トップが自ら率い、戦略的な投資や社内横断で計画をまとめられる第一級の人材（サステナブル人材）を投入する事例が増えつつあります。

サステナビリティの推進には、寄付のレベルから、企業や業界全体の変容を促すという高次元のレベルまで幅広く捉えられ、サステナブル人材は固定費ではなく、人的資本として投資対象となります。

経営陣は四半期ごとの業績に一喜一憂したり、３～５年の短いスパンを中期計画と称するのをやめ、もっと長い10年～50年先を見据えて、社会から必要不可欠と認められる企業になるにはどうするかを考えるべきです。ＣＳＶやＳＤＧｓでは社会が克服すべき課題と自らの事業領域の関連性を見いだし、解決に向け貢献することになります。そのような社会課題解決型事業こそ、社会の中で求められていくのです。

2　ＳＤＧｓ経営とは？

ＳＤＧｓの認知度が上がるにつれ、「ＳＤＧｓを勉強したい」「ＳＤＧｓに取り組みたい」という企業が増えていますが、誤解を恐れずに言えば、ＳＤＧｓを勉強し理解しても、具体的な行動に移さなければ、ただの教養にすぎません。

企業がＳＤＧｓに向けて奮闘しているＮＧＯを支援することは、大変有効ですが、そのことで企業のブランドイメージが著しく向上し、ビジネスに寄与するとは限りません。

経営にＳＤＧｓの考え方を反映させるということは、将来のあるべき社会の姿を自らも描き、その実現に寄与できる事業領域で、社会が求める商品やサービスを提供することに他なりません。そのためには経営トップをはじめ、現場の仲間の理解と納得、さらには株主の賛同や消費者の支持も欠かせません。そこが大変難しく、ＣＳＶやＣＳＲとの違いが判然としないという声を生んできました。

しかし、ご心配には及びません。日本企業の多くには持続可能な社会にしていこうという思想が根付いていますし、英語の新しい概念や専門用語も、和訳した後に分かりやすく意訳すればよいのです。

まとめ

・ＳＤＧｓはきれいごとではない。
・会社経営の推進力にもなるＳＤＧｓ。

第3節●企業がSDGsに取り組む意味と、5つのレベルの整理

1　SDGsを教養に留めないための行動

書店のSDGs関連のコーナーには、60タイトルもの本がところ狭しと並んでおり、インターネットの用語検索では3億件もヒットします。

本で共通しているのは、SDGs誕生の背景、17の開発目標、企業がSDGsに取り組むステップについてなどです。

確かにSDGsに取り組むには、然るべき順を追って取り組むのがよいでしょう。「SDGsコンパス」では以下の5つのステップを踏んで進むことを推奨しています。

ステップ1　SDGsを理解する
ステップ2　取り組むべき優先課題を整理する
ステップ3　取り組み目標を設定する

ステップ4　経営に統合する

ステップ5　報告とコミュニケーションを行う

「ＳＤＧｓコンパス」とは国連グローバルコンパクト（企業経営者による環境・社会・経済を改善していくイニシアチブ）などが提唱するＳＤＧｓの行動指針です。

このステップの中で2～4が一番重要ですが、ステップ2に進むと、「マテリアリティ」（事業上の社会環境負荷や創造価値）の理解に悩みます。「重要課題」という訳語では、事業上の何を指すのかが今一つ判然としません。

ステップ4の「経営に統合」も難関です。「ＳＤＧｓ経営を行う」とも言われ、「経営に実装する」と言う人もいます。開発途上国の問題や社会課題と、自分たちの事業との関係を、どうとらえればよいのかという素朴な疑問が残ります。

「企業といっても、業界も、会社の規模もバラバラなのに、取り組む必要はあるのか、取り組んだ結果、会社が本当に持続可能に成長するか」という疑問を耳にします。

私自身も社長時代には、「慈善活動で売り上げが伸びれば営業は要らない」などと毒づき、「支援活動は、個人で可能な範囲でやるもの」と考えていました。

2　ＳＤＧｓを経営に実装するという意味

ＳＤＧｓは新たなビジネスチャンスに繋がる、と考えればいかがでしょうか？　これからの社会で、単に商品やサービスの「価格に対する価値」だけでなく、その商品の原料採取段階から、生産段階、そして製品やサービスが社会にもたらす影響について、消費者がもっと知りたいと言い出した時、今まではほとんど表に出てこなかった調達部門や生産工程、ＣＳＲ、梱包設計なども脚光を浴び始めます。

企業はバリューチェーン全体の「サステナビリティの指揮者」の立場にあり、原料や資材の調達から販売した商品の修理やリサイクルに至るまでのすべてを含めたトータルな企業活動が評価されるようになります。その時、４つのＰ（商品・価格・販促・販路）で戦ってきた競争原理だけでは通用しなくなるのです。

本書では、言語明瞭・意味不明と思われがちなＳＤＧｓコンパスのステップ４「ＳＤＧｓを経営に統合する」について、少し詳しく説明します。「経営に統合する、あるいは実装する」という意味は、「ＳＤＧｓの考え方を日々の経営にも反映し、社会が持続可能に発展できるように事業を通じて貢献し、社会から求められる企業になる」ということです。企業目線のプロダクトアウトから、顧客目線のマーケットインへという発想に加え、その外側の社会に配慮するソサイエティインへと発展させるのです。

事業は、一言でいえば、社会資本（人材・原材料・資金・情報等）を投入し、投入価値以上の価値を社会に還元する活動を継続することです。その投入価値を節約し、創出価値を最大化し、その流れの中で被害や犠牲を生まないことが重要です。これがＳＤＧｓ経営の基本理念です。

ＳＤＧｓの理念、すなわち「世の中は人間同士、環境の中で繋がっています。離れたところで起きていること、自分の仕事や暮らしに関係がないように思えることにも、耳を傾けてみてください。同じような問題が自分の周辺にもあれば、できるところから解決に向けて協力しましょう」は、一言でいえば「見て見ぬ振りをしない」ということです。

バイデン大統領の就任演説の中に「沈黙は共犯と同じ」という言葉がありました。

私は人間が起こした問題は（手遅れにならなければ）必ず人間が解決できると信じています。また人間にしか解決できないものがほとんどだと考えています。自然が癒してくれることに期待し、見て見ぬ振りを続けることは許されないのです。

これがきれいごとにしか思えない人もいれば、その責任を共有するリーダーも多いと思います。経営者自らが関わり、事業領域で手を差し伸べれば多くの問題は解決可能です。では経営者は具体的に何をすればよいのでしょうか。

（1）レベル1　外部主体の活動への支援・参加

世の中には、国連や政府と共に問題解決に取り組んでいるＮＧＯ・市民団体・研究機関が多くあります。ＷＷＦもその一つで、多彩な専門家が集まり、実証された手法で問題を解決していきます。自社の事業に関係ありそうなＮＧＯを選び、一度説明を受けてみてください。彼らは極めて真面目な専門家集団です。

活動に賛同できたら、資金支援や、キャンペーンへの参加、社内勉強会を開催するのもよいでしょう。最近では「クラウドファンディング」の告知協力や、株主の賛同を得て未消化の株主優遇策の一部を支援に振り分けることも有益です。さらには自社株をＮＧＯに寄贈し、配当で継続的に支援する先進企業もあります。支援する場合は活動成果報告を求めることをお勧めします。困難なプロジェクトほど、計画通りに進まないこともあるので、単年度の成果で評価せず、３〜５年単位で進捗を見ることが望まれます。

(2) レベル2　社内やグループ内の制度・ルールの改革

ＳＤＧｓを学ぶうちに、自社にも同様の課題を発見することがあります。ハラスメントの相談窓口が男性や管理職ばかりでは、被害者は相談しにくいものです。外部の有識者等を交え、公平な事実確認や救済にならなければ解決や予防には繋がりません。通報者や相談者が満足せず、メディアやＳＮＳで拡散すれば対応に苦労します。社内であっても人権侵害があれば、犯罪同様、社会の問題です。社内ルールの見直しには、外部の目でチェックが必要です。

また企業グループ内で関連会社が報告を怠る、または遅れる例もあります。サステナビリティには親会社も子会社も区別はありません。問題を相談できる風通しの良さがＳＤＧｓ経営の基本です。

メーカーは、「調達方針」を策定・開示しているかが必ず確認されます。事業の源流から下流まで、企業が影響範囲をきちんと捉え、リスクヘッジをしているかが重要だからです。調達方針を巡っては異業種との意見交換もお勧めです。理想と現実の折り合いのつけ方を学ぶには、他社の事例は参考になります。情報共有はＳＤＧｓの大切なゴール＃17の「パートナーシップ」の本旨です。

（3）レベル3　現行の製品やサービスの改善

皆さんが現在提供している製品やサービスの中でも、実はＳＤＧｓに寄与するものがたくさんあります。

消毒液やマスクに始まり、幼児用のキックバイクや、選手村の段ボールベッド、エコバックなど、いくつかの開発目標に関連するアイデアに溢れています。事業の中でＳＤＧｓを推進する製品やサービスを少しずつ増やしていけば、持続可能な社会の発展と、企業の成長をシンクロさせることが可能になっていきます。

視覚に障碍がある方が安心して食事を楽しめるよう、店内をバリアフリーに改装したり、メニューに点字を採用することなども、経営にＳＤＧｓを実装していることになります。そういう対応を「経費」と考える経営者もいますが、これからは多様なお客様に対応する「投資」として考え、調理人やフロアスタッフの理解を得ながら、お店の格を上げるのが理想です。開発目標のゴール#10や#16を理解し、社会のマイノリティ格差解消に取り組めば、本当のおもてなしの精神を磨くことになると思います。

価値観が多様化すると、意見集約に時間を要し、従来の効率至上主義が適さなくなり、マネジメントの苦労も増えることは否めません。ＳＤＧｓには「包摂的」という言葉がよく出てきますが、これは社会が包容力を高め、異なる人々を仲間に入れて、共に暮らそうという意味で、Diversity, Equity & Inclusion（多様性、公平性と同居性）と言われます。障碍者を採用するだけでなく、障碍者が働きやすい環境を整備し、他の社員と一緒に活躍できる職場が求められています。そうした経験から学ぶことは多く、人にも会社にも成長機会と捉えられるのです。

企業の生存戦略と、サステナブル経営の違いは何でしょうか？ それは状況に応じて適切な経営判断をその都度行うことと、長いスパンで社会ビジョンを描き、一貫した価値観に基づいて経営を行うこととの違いです。また、自社だけで新たな価値を創造するのではなく、今まで縁のなかった企業と共有できる価値を接点に連携すれば付加価値が増します。

サステナビリティを推進できる人は、まだそれほど多くは育っていません。持続可能性を高めるには、事業全体の業務を理解し、長期的、部門横断的、社会的視線で行動できるチームが必要です。

20年後の社会を構想し、競合他社とも連携し、役立つビジネスを他の業界にも拡げるという点では、従来の人的ネットワークだけでは不十分です。

サステナビリティ・オフィサーには、短期的な収益だけではなく、社会のサステナビリティを向上していくという志と、社内の各部署や、業界の声をまとめる調整力が必要です。将来の経営を考え、主張する度胸と信念が必要です。もうお気づきかと思いますが、まさに将来の経営幹部候補にこそ、登竜門としてサステナビリティを担わせ、業界や国益を超えられるリーダーに育てるべきなのです。

（4）レベル4　新規の製品・サービス・事業分野の開発

①未来市場への挑戦

従来の商品やサービスとは違う価値を新たに提供するので、社内からだけでは十分な知見や提案が得られないことがあります。サステナブルな社会では、どんな需要が潜んでいるかを見極めなければ自社の成長には繋がりません。かといって需要が顕在化する数歩先に商品を開発すれば、需要が伸びる前にキャシュフローが回らなくなって、撤退するリスクもあります。まずは特許や意匠を押さえ、資金力のあるパートナーを得てじっと機を待つしたたかさも大事です。

②持続可能な社会に対応する商品・サービス

すべての人が活躍できる社会、多様な働き方の選択肢を念頭に、20～30年先はどういう社会にしたいのかという社会ビジョンは政治家や経営者に任せるのではなく、社員や市民が対話を通じて描き、それを実現できそうな政治家に託すのが民主主義です。また選んだからには、実現できるように自ら協力するのが理想です。欧米社会では、このような構想を練るビジョナリー養成教育が盛んです。私はそうした資質を持つリーダーの下で働く機会に恵まれたことを非常に嬉しく思います。

時代の半歩先を歩むことで潜在需要に目を向け、キャズム（リーダーと大衆の間に生じる溝）を克服して普及した商品は私たちの周りにもたくさんあります。電動アシスト自転車やウォッシャブル・スーツなども地球温暖化に適応する優れた商品だと思います。

キャスター付きの小型スーツケースも、本格的に売れ出したのは1990年以降です。駅や空港の通路がバリアフリーになり、街中の歩道が舗装され、底にキャスターを装着した旅行カバンは大ヒットしました。オフィスのフリーアドレス化（社員の執務場所を、特定の机に限定しない自由な勤務スタイル）も、社内のコミュニケーションや生産性向上を目的に普及し、シェアオフィスへと応用されています。可動式の間仕切りや、組み換え自由なオフィス什器等がどんどん増え、リサイクル市場も広がっています。これからもさまざまなアイデアが生まれ、試行錯誤が繰り返されますが、そういう変化自体を楽しみ、ビジネスチャンスにすることがサステナビリティとビジネスの両立なのです。

③「ソサエティイン」「サステナビリティコンプライアント」の要件

開発技術から商品化する「プロダクトアウト」に加え、消費者の要望を反映した「マーケットイン」が主流になりましたが、今後は「サステナビリティコンプライアント」または「ソサイエティイン」の商品が増えるでしょう。そこには本質的なニーズを満たす機能と、社会や環境に優しく、長く愛用される商品群が登場してくると思われます。

時代の変化を先読みし、勝機を掴むには、新たな価値観として「サステナビリティ」の概念を組み入れる必要があると考えます。サステナブルな社会に必要な商品やサービスは、以下のような要素を満たすものとなります。

・原材料の調達に、環境問題や強制労働・児童労働・人権侵害・民族差別などを引き起こしていないことが確認され証明されている。
・商品の企画設計段階から、省資源化され、リサイクル可能な工夫を取り入れている。
・壊れにくく、利用者に合う調整が可能で、飽きがこないデザイン
・モジュール化され、部品交換やソフトウェアの更新で、新たな機能を取り込め、長い期間にわたって使い続けることができる。
・修理に要する時間やコストが少なく、再販売する際も価値を保ちやすい。
・最終的に廃棄する際は、金属などの分別や取り外しが容易
・ユニバーサルデザインで高齢者、障碍者などマイノリティへの配慮がされている。
・センサーで消費エネルギーを抑え、安全で誤作動を防ぐなどの工夫がある。
・ユーザーの指摘や提案を設計や製造ライン上に素早く反映する機動性

④ステークホルダーを巻き込んで解決への糸口を探る

新しい価値観を取り入れた商品には、今まで以上に多様な人々の意見や要望を集め、商品化するべきです。例えばカバンは、取っ手やファスナーなどの修理件数が多いことから、そうした部分の修理を丁寧かつ納得のいく価格で提供すれば、そのブランドに対する信用や愛着が高まります。

自動車のタイヤも、消費しているのはタイヤの表面の8ミリ程のトレッド（溝）があるゴム面です。トレッドゴムを剥がし、新しいものを加硫（硫黄などを加え過熱し圧着）してタイヤを再生する技術（リトレッド）がすでに確立しています。世界の自動車タイヤの市場は金額ベースで約28兆円ですが、さらに増え続ける見込みです。リトレッドタイヤの売上は、未だ全体の3・5％程度ですが、リトレッドタイヤがサステナビリティ向上に貢献すると認知されれば、今後伸びる商品カテゴリーになるでしょう。

（5）レベル5　バリューチェーン全体の改革

①「サプライチェーン」から「バリューチェーン」への発想の転換

辺境の島国・日本で暮らす私たちは、海外の問題はあまり関係がないと考えがちです。しかし私たちの社会は、国や地域という多くの輪によって作られた鎖（チェーン）で成り立っています。私たちと繋がっている貧しい国や、開発途上国が成長できず、貧困や飢餓によって内戦やテロ、災害や感染症などで脆弱になれば、国際社会が影響を受けることになります。そうした〝不都合な真実〟を見ようとしなかった社会の無関心が事態を悪化させますが、課題に向き合い、ひとりでも可能な範囲で貢献することが「勇気ある行動」だと言えます。

企業では、事業を通じて多くの取引先や顧客と結ばれており、この「モノやサービスの流れ」を鎖に例えて「サプライチェーン」という考え方がありますが、そこでは、モノやサービスを買う側が主導権を握ります。

買う側が、提示価格に対し、利益を出せる（＝経済合理性がある）と判断すれば、取引が成立しました。しかしサプライチェーンでは、このチェーンを構成するすべての輪が、皆それなりに利益を得ることは保証されていません。需供のバランスが大きく崩れたり、同業者と過当競争を強いられれば、利益を生まない取り引きにも応じざるを得ない場合も出てきますし、在庫過多になれば原価割れで商品を処分することもあります。そうなれば、体力（資金力）の格差によって一部の企業がサプライチェーンから脱落することがあります。

これに対し、バリューチェーンという考え方は、単にモノの物理的移動を指すのではなく、原材料の生産から、製品が最終消費者の手に届くまでの流れ全体を俯瞰し、各過程でどのような付加価値が付くかを把握し、公平に輪を補強しようという発想です。原料、生産、調達、保管、加工、製造、品質管理、広告宣伝、販売など、その商品がさまざまな付加価値の連鎖によって価値を生み、各々の輪が健全に維持され続けて初めて安定的な事業が成り立つという考え方です。

それぞれのプロセスで追加された価値に対して、支払われている対価が適正かどうかにも注意を払い、不公平な利潤配分で一部の人が犠牲になるのを防ぐということです。そこにビジネスをバリューチェーンで考える意義があります。

1杯300円のコーヒーを例に考えましょう。コーヒー豆の生産農家が10円しか得られず、豆を買って輸出している商社が30円、日本の卸問屋が50円、喫茶店が210円を得ている場合、それぞれの付加価値に対する利益配分はフェアと言えるでしょうか。この配分では豆の生産者の生活が不安定で、子どもが学校に通えない、病気になっても医療が受けられない状態では、豆の安定供給は保障されません。これからの気候変動の影響、値崩れや過剰在庫のリスクなど、分断された取り引きではそういったお互いに影響し合う課題を話し合うことは困難です。問題に気付かぬまま各社の都合で判断しがちです。弱い立場の人は服従するか、よりよい条件があれば、さっさと取り引き相手を変えてしまいかねません。持続可能なビジネスには、コーヒー豆の生産者から喫茶店まで、関連する人たちすべてでバリューチェーンを俯瞰し、どう維持するか議論して合意すれば、皆それぞれの持ち場で安心して仕事に専念できます。

バリューチェーンにおいても完全な平等を実現することは理想にすぎないかもしれませんが、よい商品を継続的に販売する上では、できるだけフェアに認め合うことが大変重要なことではないでしょうか。このようなビジネスのやり方を監査する「フェア・トレード」という認証制度があります。カエルのマークのレインフォレストカフェ（Rainforest Café）のコーヒーなどを目にしたことがあると思います。これは商品の素性と流通段階の透明性を担保するＦＳＣ（木材・紙・パルプ）、ＲＳＰＯ（パーム油）、ＡＳＣ（養殖水産物）などと同様に、環境破壊や人権を損ねていない商品であることを保証する国際認証です。

こうした考え方に賛同し、できることから取り組むことが「ＳＤＧｓ経営」に他なりません。企業はバリューチェーン全体におけるサステナビリティの指揮者として協働関係を築く立場にあります。

②バリューチェーンに連なるステークホルダー

ステークホルダーは、バリューチェーンを構成するすべての関係者のことです。多くの主体が関わるので、マルチステークホルダーなどとも言われます。バリューチェーンは単純なものから複雑なものまで千差万別です。契約農家から食材を調達し、レストランで調理してお客様に提供するというバリューチェーンでは生産者＋レストラン＋お客様という3つの輪が繋がっていますが、さらに細かく見ていけば、食材にも肉や魚、野菜や果物、調味料や香辛料などがありますし、ナプキンやテーブルクロス、食器にキャンドルなど、すぐに数十社のステークホルダーが浮かんできます。複雑さを極めるものとしては自動車産業が有名ですが、関連する企業数は約3万社にも及ぶと言われ、航空機産業と並んで最も複雑で裾野が広く、世界中に拡がるバリューチェーンです。

バリューチェーンが拡がり複雑さを増せば、企業はリスク分散を行います。事前に代替サプライヤーを指名し、作り溜めや、生産調整をすることは可能ですが、慎重になりすぎると、今度は資材や部品の過剰在庫を招き、処分費で収益を圧迫します。自然環境に左右されやすい農業や漁業では、リスク管理もさらに大変です。

バリューチェーンでは、全体が1つの生命体のように有機的に呼応しますので、ステークホルダーの一人ひとりが助け合い、持続可能な成長を最優先しようという協力関係ができます。

③バリューチェーン強化に向けて

バリューチェーンは海外などに長く延びるとリスクも相応に高まります。そのレジリエンス（ダメージからの回復力）を高めるには、普段からの配慮が必要です。「一つひとつの輪」の状態を観察し、補強が必要な部分はすぐに対処します。社内ルールの整備を手伝ったり、前払でキャッシュフローを助けるなども絆を強化します。サプライヤーズ会議を定期開催して、意見交換や懇親の場を設けるのも有益です。バリューチェーン全体でお互いの顔が見えれば、対話が促進され安心感も生まれます。

そういう場で苦情や提案を持ちかけてくる人には、面倒がらずにじっくり傾聴すべきというのも、私の体験的アドバイスです。ビジネスですので運命共同体とは言いませんが、お互いが支えあい価値を増やすようにバリューチェーンを可視化し、帰属意識を高めておくことは、調達責任者のみならず経営者自身の使命です。

④投資家と消費者に支援される事業

バリューチェーンの重要なステークホルダーに投資家がいます。個人投資家や機関投資家（保険会社、投資銀行、年金基金など）など多様です。短期間に大量取り引きで利ザヤを稼ぐトレーダーに翻弄されないよう、健全な経営を支援する投資家の信頼を得ながら、安定株主の割合を高めることはサステナビリティ上も重要です。

そのためには、会社を正しく理解してもらえるよう統合報告書などのレポートや株主総会での説明など、経営者とＩＲ部門の協力が欠かせません。以前は「企業は投資家のものである」と言って憚らなかったアメリカでも、すでにステークホルダー資本主義に移行し、社会の課題解決に応えることを企業の投資適格要件と見るのが一般的になりつつあります。

商品にはさまざまな説明や表示がありますが、この内容が変化し始めています。フランスでは2022年から食品にCO_2排出量の記載が義務化されました。消費者が環境や社会に対する負荷を比較して何を購入すべきか選択できる仕組みは今後も増えていくでしょう。問題だらけのパーム油を「植物油脂」と表示している企業は、いずれ市場から退出を強いられてしまいます。バリューチェーンでは最後の選択をする消費者が、そのバリューチェーンの生殺与奪を決めることになります。消費者の意識と行動が変わる中、私たちの商品の背景にどんな人々の暮らしがあるか知りたいと求めることから、社会は改善し始めます。

⑤持続可能な社会にみんなを招き入れる

日本の経営者は古くから企業の社会的意義を自覚し、「企業は公器」と表現しました。SDGsは世界規模課題の解決を通して、そのような社会規範を国際的に確立しようとしています。世界には14億人を擁する巨大国家もあれば、1万人に満たない小型都市国家もあります。200近い国や地域がそれぞれの国益ばかりを追求し、人類全体の危機を蔑(ないがし)ろにすれば、再び資源や食料の奪い合いになりかねません。日本人の平和ボケはロシア軍のウクライナ侵攻で冷や水をかけられ、極東でのリスクも現実味を持ち始めました。気候変動や生物多様性の激減は、実在する目の前の危機であり、これ以上先送りはできないのです。

まとめ

・ＳＤＧｓはこれからの会社経営には必須となる考え方。
・バリューチェーン全体を見て、それぞれのレベルで実用を考える。

第4節 日本企業が国際社会で生き抜くために

1 日本企業の横並び意識とＮＧＯとの連携

海外駐在期間中は、周りはすべて外国企業です。企業文化の差は日々感じます。その違いの1つが「主体性」です。例えば業界団体に加盟していても、自社の利益のためには強く主張し交渉する姿勢です。行政も企業の多様な着眼点に関心を持ち、個社の意見であっても耳を傾けます。一方で日本企業は、横並び意識が強く、自社だけが突出しないように注意し、行政も業界団体でまとめた統一意見を求めます。

日本の意見集約プロセスでは調整に時間がかかり、尖った意見は丸められ、変革を迫る内容にはなりにくいのに対し、欧州の企業は野心的な目標を掲げてルール形成を仕かけてきます。ルール形成を主導するには相手に対抗し、凌駕する改革が必須です。

日本でも「トップランナー方式」のように、よい制度はあります。こうしたノウハウを世界に拡げ、主導権を握ることを期待しています。

ＮＧＯの役割には、環境や社会問題の解決に企業の協力を求めることもあります。リーダー集団との溝＝「キャズム」を作らないように業界全体に働きかけ、メディアを通じて市民に伝えるのもＮＧＯの役割の1つです。ＮＧＯにはさまざまな組織文化があり、実力も解決方法も違いますが、日本企業は、ＮＧＯというと一様に警戒する傾向があり、これも欧米に比べて社会問題などへの理解や貢献が追い付かない原因の1つだと思います。

ＮＧＯには科学的な調査が得意な団体、問題を社会に伝えるのが得意な団体、威圧的に企業を糾弾する団体、企業との対話を通じて協力して解決する団体などさまざまなスタイルがあります。貧困、環境、人権、医療、差別など、担当領域でも組織文化は違うでしょう。

ＮＧＯは、高い専門性を持ったスタッフを擁し、研究者や博士、弁護士など多様な資格を持っている人が集まっています。また、自ら現場に足を踏み入れて実態を掴むのも、共通の特徴と言えるでしょう。概して安全で快適な現場は少なく、私の同行した経験からも過酷で、飲み水やトイレも満足にない現場もありました。企業は、こうした現場に躊躇なく踏み入れる専門家のデータを参考にし、解決に協力するのが有効だと思います。最初は意見交換などで感触を得て、双方に有益な提案を模索することがパートナーシップへの第一歩です。

2 企業の持続可能性を左右する要素

ＳＤＧｓ経営で企業に求められるのは、「何を守り、何を変えるかを判断し断行できる経営」だと思います。

コロナ禍で対面業務が制約される中、会社のサステナビリティを担う「サステナビリティチーム」はどう組成すればよいのでしょうか。サステナブルな企業を目指すなら、あえて意見の対立を招くように年代や性別、所属や職位をミックスして作ることをお勧めします。好奇心が強く、柔軟で、新しい価値や変革について自分の頭で考えて発言できる人を集めるのがよいでしょう。

経営トップの本当の実績は「社長交代後の10年」という説があります。成功のイナーシャ（勢い）が持続し、次の経営者が多くの選択肢を受け継げるのが理想です。

たとえ自社が零細企業や、中小企業であっても、夢のない会社には成長の機会はやってきません。「あの会社は面白いことを考えている、一度話を聞きに行ってみよう」と思わせるのが持続可能性への入り口です。

サステナビリティを推進するリーダーは、従来の延長線上で戦略を考えるべきではありません。「環境部」や「CSR部」といった領域での構想ではなく、会社全体で社会の変化に呼応し、リードする責任部署だからです。担当部署ではなく責任部署とあえて言ったのは、サステナビリティ推進責任者が、調達方針や採用・研修に至るまで、幅広く経営トップを支えるからです。経営者の指示に従って準備や調整をするだけでは不十分です。将来の経営トップを担えるリーダーの登竜門の1つとして、信頼できる人材に任せるのがよいでしょう。

3　経営トップのコミットメント

日本企業の経営幹部は、忠義心が高く、経営者は社会的使命と共に、従業員と家族の生活を支える責任を背負います。医師やパイロット、教師や弁護士など、社会的に重い責任を負う仕事には国家試験が課されていますが、経営者はほとんど何も公的な審査がなくてもなれるのは不思議です。私も30代でロシアの社長になったときは、経理や財務、人事やロジステックスなど、自分の専門外で問題が起きないよう担当者に教えを請いつつ、欺かれないように精力的に意思疎通を図りました。

日本企業はジェネラリストとしての社長が多いものの、すべての領域を自ら体験し、熟知している人は稀でしょう。業務の概要を知った上で部下への「任せ上手」な人が社長に向いていてい

ると も言われます。リーダー候補を育て、人格や能力、個性を見抜き、やる気にさせるのが得意な人です。会社の活力は経営者の人間としての力量、事業に対する熱量や、部下への愛情、世界の変化や将来に向けた好奇心や向学心の高さによってのみ維持されます。

4　社内の中堅マネジメントの自分事化

『心配事の9割は起こらない』という本がありました。日本には四季折々の変化があり、自然災害も多いので、心配性の人が多いようです。経営トップになれば、重圧で眠れない人も多いと思います。中間管理職は、現場から生々しい問題が持ち込まれ、上長からは解決策が示されず、板挟み状態で心労が絶えません。

ＳＤＧｓ経営では、経営者に「時代の先を見に行く、見えないバリューチェーンの端から端まで見ようと努める」ことをお願いしています。バリューチェーンの司令塔は企業だからです。企業が持続可能性に配慮した調達方針を明文化し、公開することで、バリューチェーン全体の価値創造の方向性は共有化しやすくなります。

中間管理職は、まさにこの現場と経営判断のリンクを正しく機能させることにあります。現場で起きていることは一片の事実なので、きちんと理解し大局的な意思決定に反映させなくてはなりません。その一方で、毎回大騒ぎした挙句、「大山鳴動して鼠一匹」では信用を失ってしまいます。経営層にどう伝え、提案するかが中間管理職の所掌となります。子細なこともすべて上司に報告して、自分の責任を回避できるよう指示を仰ぐ人がいますが、考え判断する訓練を自らに課すことも大切です。マネジメントとして自分も経営の一端を担っているという自覚を持つことで、企業は隅々まで神経が行き届きます。

企業は経営者だけのものではありません。一人ひとりの社員が成長機会を得る社会の財産なのです。

まとめ

・経営トップのコミットメントが必須。
・全社でSDGsの潮流に目を向け、理解を深める。

第5節 ● 企業を成長させる力、企業を蝕むもの

1　沈黙は共犯である

企業を興す意義は、個人では達成できない大きな目標に向かい、人や資金を集めて挑戦することです。そこに組織が生まれ、それぞれの分野で得意な人に仕事を与え、成果を追及します。同時に、組織は運営次第で崩壊するリスクも孕んでいます。

経営者が部署間で不公平な関係を持てば、社内のコミュニケーションが滞り、サイロ化すれば無益な対抗意識が生じ、かえって障害となります。人間社会で最も深刻な問題は、自分に直接かかわること以外の課題や懸念に対して「無関心」や「見て見ぬ振り」をすることです。これは人間が本来持つ優位性ともいうべきセンサーが麻痺している状態で、企業のように組織的に意思決定をし、その方針に沿って皆で行動する組織にとっては致命的と言っても過言ではありません。国際社会においても、貧困や飢餓、紛争や差別というものは、ほとんどが周りの人

間の「無関心」によって放置され、助長されています。
「割れ窓理論」をご存じでしょうか。イギリスの犯罪学が起源で、建物の窓ガラス1枚が割れたまま放置されていると、管理者がいないと思われ、犯罪を誘発するという説です。この研究から、軽微な犯罪でもきちんと取り締まらなければ、いずれもっと重大な犯罪に繋がるということで、警察は小さな事件でも見すごさず素早く対応するのです。

日本では交番を普及させ、警察官を市民生活に近いところに配置したことで、犯罪抑止と検挙率の向上に繋げました。ニューヨーク市長など外国の要人が見学に来ました。警察へのアクセスのよさが犯罪抑止に繋がります。同じように、欠食児童がいればコミュニティーで食事を提供する等の機敏な初動が、問題の拡散や深刻化を防ぎます。企業でも、不正や人権侵害を知りつつ声を上げずに放置する、自分に累が及ばないよう見て見ぬ振りをすると、企業を蝕む重大なリスクに発展します。

社内の通報制度では対応スタッフの構成が重要です。通報者の利益を護れるように、弁護士やNGOなどの第三者を入れ、客観的な意見を交えて対応することが大切です。

社員が多様性に富む海外の企業ではリニエンシーという密告制度を設けているところがあります。司法取引が盛んなアメリカでは、建設業界の談合や、産業スパイ事件等で、罪を犯した当事者であっても、最初に通報し全容解明に協力すれば、無罪放免という制度です。日本では受け入れがたい気もしますが、管理責任者がすべての不正を早期発見できない以上、参考にする価値はあると思います。

不都合な真実が報告された時、出向や配置転換で問題を隠すのは愚策です。企業の社会的信用は今後ますます得難く、そして失われやすくなっていきます。ＳＮＳなどで個人の発信機会が増えると同時に、若く純粋な社員ほど、社会正義を求めるからです。会社の信用を守ろうと不正を社内に留めておくことは、物理的に不可能であり、むしろ暴露によりブランドリスクを飛躍的に高めることになります。

「自分が言ったところでどうせ解決はできない」という諦観は、割れ窓理論を実証することになります。

友人から深くて面白い話を聞いたので、英文ですが、あえてそのまま引用します。

This is a story about four people named: Everybody, Somebody, Anybody and Nobody. There was an important job to be done, and Everybody was sure that Somebody would do it. Anybody could have done it, but Nobody did it. Somebody got angry about that, because it was Everybody's job. Everybody thought Anybody could do it, but Nobody realized that Everybody wouldn't do it. It ended up that Everybody blamed Somebody when Nobody did what anybody could have done.

和文訳：あるところに「全員」「誰か」「誰でも」「誰でもない」という4人の人たちがいました。ある日、大切な仕事があったので、「全員」が「誰か」やるだろうと思いました。きっと「誰でも」できる仕事でした。しかし、やった人は「誰でもない」のです。「誰か」がそれに腹を立てました。なぜならそれは「全員」がやるべき仕事だったからです。「全員」が「誰でも」できたはずなのに！と憤慨しました。しかし実際「全員」がやらないということを予想できた人は「誰でもない」のでした。そして、「誰でも」できることをやる人が「誰でもない」という事実に「全員」がお互いに「誰か」を非難しました。

社会の深刻な問題が解決しない状況とは、こういう他力本願によるものと思います。他人への依存の連鎖を止めるための半歩前に出る勇気が、世界中に芽生えつつあります。他人任せや問題先送りをやめ、企業や市民が自ら立ち上がって改善することが、ＳＤＧｓへの取り組みに他ならないのです。

2　本当の経営ガバナンスとは

ガバナンスには統治や管理、法令遵守のイメージを持つ方も多いでしょう。サステナブルな社会に向けて、企業ガバナンスは、広い意味を持ち「企業や社員の潜在可能性を最大限に引き出す」ことを含みます。それは社員すべてが活躍し成長する機会を得て、誰も置き去りにしないというSDGsの理念に一致します。

経営にも「全員野球」などとチームスポーツに例えた全員参加を讃えています。社員や関係者が参加し、住みやすい社会創りに貢献することで、事業も持続的に発展するという目標の同期性が大切です。

3　リーダーは「座長」から「座央」へ

福沢諭吉は「天は人の上に人を造らず人の下に人を造らず」と言い、リンカーン大統領は激戦地ゲティスバーグでの演説で「all men are created equal」という価値観を後世に遺しています。人間は秩序を求めますので、リーダーは自然発生的に誕生します。リーダー資質を持って生まれる人もいるでしょうが、企業ではビジネスに応じてリーダーを選び、育てる努力をします。「就職とは言いつつ、日本では実質的に就社」と揶揄されるように、終身雇用や年功序列の慣習はすぐには消えず、長い期間を同じ企業で過ごす人が多く、また「寄らば大樹の陰」のように、一流企業に入ったら、「辞めない方が得だ」と考える社員も大勢います。

成果を重視すれば、リーダーも魅力あるプロジェクトを求めて企業を渡り歩くようになるでしょう。管理職の人事管理工数を減らすことで、社員のエンゲージメントを高め、成果に結びつけることに時間を割き、フラットな階層のまま各自の役割分担を明示し、成果に対する評価と報酬が大切になっていくでしょう。

組織においてはベテランで権限を手放さず、高給取りの上司がいたら、支えるのは重そうです。これに対し有能なリーダーが、現場の真ん中にいて、スタッフに気を配りながら、成功に必要なリソース（人員、予算、技術、情報など）を調達してサポートしてくれるのなら、スタッフは成果を出しやすくなるはずです。

車座の真ん中で社員のエンゲージメントを引き出す「座央」のような新しい役職への移行が始まっていると思います。そういうチームを作るにはどんな発想が必要でしょうか。

4　中央統制からネットワーク型の権限移譲へ

私はグローバル企業で、本社と現場を交互に体験し、常に新しい挑戦機会に恵まれました。時には本社と海外現地法人の関係に、疑問を覚えたこともあります。例えば事業計画を昨年レベルに抑えて5％上回った国と、野心的に30％の成長計画を実施して20％に終わった国をどう評価するかは、現場の士気に大きく影響します。

企画管理部門が計画の達成率だけで評価すれば、手堅い計画が横行し、数字の辻褄合わせが始まります。成長市場ではリスクを取り、シェア奪取に挑むべき局面があります。現場を信頼し、権限を委譲し、必要なリソースを与えて支援することは極めて重要で、主従関係ではなく、異なる機能を持ちつつ、よい緊張関係を維持すべきと思います。

日本企業にはグローバル化しても、海外法人の社長は日本人を任命するところが多いですが、欧米のグローバル企業は現地で優秀な人を採用し、経営を任せる傾向が顕著です。この差によるトレードオフはあまりに大きく、優秀な現地リーダーを採用できないことは悪循環を生みます。財務や人事のガバナンスは効かせつつ、国籍に関係なくフェアに人事を行うことはグローバル経営の第一歩です。

本社と現地を主従関係にしないためには、現地から優秀な人材を本社に出向させるのも有益です。本社の意思決定プロセスを学び、改善策を促すのもよいでしょう。

グローバル企業のネットワークはその会社の社員全員が共有できる資産だと考え、さまざまな国の社員が互いに別の国へ出張し、学び合うのは社員に対する投資であり、十分な成果が期待できます。例えばｅコマースを学ぶにはアメリカ、戦略的物流はオランダ、データセンターはインドなど、領域に応じて先進事例を持つ国に出向かせ、外国人社員に機会を与えることで、社員のヤル気を最大限に引き出せますし、外国人社員同士のネットワークも容易に作れます。

企業は社員を所有するのではなく、家族に愛され育てられた大切な人を預かり、成長の機会を与え、社会にリーダーを還元することを使命として再認識すべきです。

5　課題解決の先送り

現場が一番困ることは、上司が決断しないことです。問題が複雑で事実関係が掴めないうちは、判断は下しても執行を保留することはあります。しかし判断しないことは、将来に対して無防備になります。

「決断しないリスク」は重大です。複数のシナリオで図上演習しておけば、選択肢に優先順位が付けられます。判断を下すことがリーダーの責務とすれば、報告しても判断を下さないのはサボタージュと同じです。

6　社員のエンゲージメントを高めるには

多様な人々を同僚に持つことで、人類共通の要望を実感できたのは大きな収穫でした。職場に受け入れられている実感、安定の中で挑戦し、成長する機会、本質的な欲求が満たされ、目的に賛同できれば社員は働く意義を見いだせます。報酬や、社会的地位は重要ですが、それ以上に、自分が社会に対して価値を生み出す喜びを見いだすことが重要です。

医師や看護師、理学療法士や薬剤師などは、社会貢献を実感しやすい職業と言えるでしょう。警察や消防、自衛官も、国民の命と財産を守る使命感と仲間の相互信頼に支えられているからこそ、厳しい現場に挑めるのだと思います。目的意識が正当で、自分の資質が生かせれば、社員にとっても働く喜びに繋がります。こうした勤労の喜びが感じられないとすれば、それは個人にとっても会社にとっても大変な損失です。

人は何かに失敗しても、そこから必ず学ぶ機会を得られます。社会に価値を生む目的を掲げ、怯まずにチャレンジを続けられる職場環境が、サステナブルな企業として社員のエンゲージメントを引き出していきます。

7　今世紀のサステナブル企業とは？

世界人口が急増し、開発によって環境が破壊され、途上国を搾取し続けたことで生まれた社会格差は、地球に暮らす人々全体に影響を与える病巣です。

そのことを自覚した企業経営者や投資家がこの30年の間に飛躍的に増えました。１９９０年頃から始まったそうした考え方がＣＳＲ活動を生み、さらに能動的なＣＳＶに進化しました。彼ら「非国家アクター」は、政府やＮＧＯと協力しながら、自らも社会をよい方向に導くように動き始めています。

グローバル企業の多くはそうした「公益資本主義」や「持続可能な発展」を経営理念に掲げ、自社の事業を通じて社会が改善され、社会が自社の事業の成功を願うようにビジネスを変容させているのです。

かつての企業戦略は、売上、利益、市場シェアや時価総額を伸ばすことに腐心していましたが、これからは社会課題の解決に結び付く事業が優先されます。また社内での公正な人事や社員の貢献意欲、挑戦する企業文化など、定量化や比較が難しくなります。有価証券報告書の数値は重要ですが、人間の人格や優しさ、指導力などの非財務情報も注目され始めています。

要は、「自分の子どもを入社させたいか、社会がこの先必要とする企業かどうか」ということだと思います。

まとめ

- 新時代のリーダーは、権力よりも配慮や協働を生み出すネットワークが必要。
- 持続可能な発展で、必要とされる企業になる。

第6節●グローバル企業の使命

1　グローバル企業の貢献価値

競争がグローバル化するにつれ、日本企業の多くが世界市場に挑み、善戦してきました。しかし多くの企業にとっては、日本市場こそが、まず最初に攻略し勝つべき市場でした。消費者一億人を超える大きな市場であり、高い品質やサービスを求め、それに見合った価格を払える購買力。日本市場は多くの企業にとって、学び甲斐のある良質な市場だったのです。

この市場特性に着目し、個性的で高品質な商品を投入したメーカーは、国籍を問わず成功を収めました。ＢＭＷ、ロレックス、アップルやダイソンなどは高いシェアを誇り、日本の腕時計市場の80％は有名海外ブランドに占有されている状況です（売上金額ベース）。

これに対し、初めからグローバル競争を念頭に大型投資を行い、海外市場を席巻した企業もあります。韓国のサムスン電子や現代自動車などはその典型と言えるでしょう。

グローバル競争で勝利した企業は、売り上げ規模も莫大なものとなり、社員数も全世界で十数万人を擁するに至りました。その影響力は絶大で、各国の商習慣や政策にも影響を与えるほどになっています。

横浜市に研究開発拠点を置くアップルは、再生エネルギー１００％を達成することに横浜市を巻き込み、東北地方から再エネを調達する確約を引き出しました。パナソニックは、南三陸の志津川湾で復興支援する持続可能な養殖カキを社員食堂に導入して国内社員約10万人に紹介し、さらに異業種にもサステナブル・シーフード（持続可能な水産物）の導入を呼びかけています。

小さな国家に匹敵するほどの経済規模、従業員数を有する企業は、進出先の国や行政に対して、景気や雇用のみならず、社会課題の解決に向けても、大きな訴求力があることを認識してほしいと思います。

2　世界の知恵を集められる可能性

グローバル企業の国際ネットワークは、新鮮で膨大な情報資産であり、鋭い触覚機能と言えます。

季節の変わり目には人間の知覚センサーが敏感になり、同じ摂氏20℃・湿度45％でも、肌寒く感じたり、暖かく感じたりします。数字上は同じでも、現地で同じ空気を吸っている人と本社でＰＣを見ている人とでは感じ方は変わってきます。

同様に、日本に対するイメージも、国際情勢と共に常に変化し続けています。エネルギーや食料、衣料品など日本が多くの国に依存している以上、企業を通じて発信できる情報をサステナブルな関係作りに生かすには、企業や行政の連携が非常に重要です。

日本は極東の島国であり、日本語はアルファベットを使わない特殊言語です。世界の動きから半歩遅れることが度々ありますので、海外の動きに目を凝らし、価値観の変化を追い続け、国際ルール形成に参加し、即応できなければなりません。グローバル企業の目、それはサステナビリティのような世界規模の地殻変動に対しては、特に有効なセンサーとなります。

３　世界の人材を募り、組み合わせる力

世界的に浸透したブランド企業は、その企業理念や商品に賛同する人々を何千万人も集客できます。それだけの外国人とコミュニケーションできるコンタクトポイントは、政府と言えどもなかなか持てないものです。

企業が正しい社会ビジョンを示せば、世界中の有為なサステナビリティ人材を採用すること

も可能です。グローバル企業であればそのネットワークの中で人的資本を生かし、その延長線上にある他社や地域コミュニティーとの連携機会も作れるでしょう。それがさらなる持続可能な成長へのヒントを生んでいきます。

企業にとって、海外市場は商品やサービスを売る以上に、多様性と未来を予測するための気付きが得られる場なのです。

4　世界の資本を注ぎ込む力

ＰＲＩ（国連・責任ある投資原則）やＰＳＩ（同・持続可能な保険原則）、ＲＲＢ（同・責任ある融資原則）が金融の世界で地下水のように浸透する中、環境・社会・企業統治の観点から、公益に資する企業に資金を傾斜配分していこうというＥＳＧ投資が拡大しています。その投資残高は４０００兆円を突破し、全投資資金の35％を超える規模にまで成長しました。これは世界を動かす大きな変化点だと思います。

金融界においては、投資や融資に対するリターンを基準にマネーが流れ込み、保険が付保されてきましたが、地球の自然資産を食い潰したり人権問題や差別を引き起こすようになれば、かえって将来のビジネスチャンスを奪うことになりかねません。将来への懸念を生むビジネスに、社会的ダメージを償うコストを加算したら、採算性や継続性を失う事業の実態が暴露されてくるでしょう。ＥＳＧ投資の普及は、そうしたチェック作業を一斉に始める動きとなりつつあるのです。

金融市場はビジネスのグローバル化を支え、貿易や企業活動の実需資金は飛躍的に伸びました。しかしそれとは別に、投機的なマネー市場での金融取引がもの凄い勢いで膨らみました。実体経済を伴わない投資マネーは世界でさまざまな問題を引き起こしています。

社会の血液と言われるお金の使い方に関しては、高い倫理性が求められるべきであり、金融界が自らその社会的責任を自覚し、投融資先を厳選し始めたのは、人類史の分岐点における希望の光です。

5　世界の課題に取り組むリソース

企業の中には単独で社会課題に取り組むところもあれば、他社と連携し業界を挙げて取り組み、大きな効果を上げているところもあります。

一例を挙げれば、日本の大手製薬メーカーが、発展途上国の人々の医療アクセスを向上するために行っている取り組みがあります。世界には人々が高額な医薬品を買えない国がたくさんあります。そういう地域において、まず必要不可欠な医薬品が患者の手に届くように、医療・保険制度や国民の購買力などを調査し、価格を下げたり、政府やＮＧＯと協力して不足分を補い合うなどの対策を行っています。また特許の出願や権利行使なども利益に執着せず、市民の医薬品へのアクセスが阻害されることのないように配慮しています。

これらの発端は、「エイズと特許をめぐる訴訟」でした。１９８０年代半ばから流行したＨＩＶエイズは、爆発的な流行を見せ、１９９７年には年間２９０万人もの新規感染者を生み、現在も約３８００万人の患者がいます。50％近い致死率に世界中が震撼しました。当時の治療薬の抗レトロウイルスは、年間一人当たりの負担額が１５０万円と高価で、アフリカや中南米、アジア諸国の低・中所得者はとても治療を望めない状況でした。

治療薬がありながら、患者が死に至るのを待つのは忍びなく、当事国の政府はジェネリック薬を製造したいと申し出ましたが、ＷＴＯ（世界貿易機関）が知的所有権や特許を理由に、これを拒み、世界中のＮＧＯやメディアが「人間の命と特許のどちらが尊いのか？」というディベートが巻き起こったのです。

激しい議論の末、ＷＴＯの加盟国は、公衆衛生の危機に際しては、医薬品の特許に対する「強制実施権」を発動することができ、多くの患者を抱える国が主体的にジェネリック医薬品を導入できるとする、画期的な判断が出されました。そしてその権利を認めた「ドーハ宣言」

が２００1年に発せられ、世界で１５００万人以上の人が、エイズ治療を受けられることになったのです。

これはグローバル企業のロビイストや政策渉外担当者の間で有名な事例で、企業の社会的使命は何かを浮き彫りにしました。このように社会における企業価値を見直すことで、人類の危機の多くは解決に向かうことができます。地球規模課題の解決に向けて協働することを市場参入条件とすれば、意義ある事業を継続的に行うように社会から求められる存在になると思います。

6　国境を越えて未来社会を考え、変える責任

企業は国境を越えて原材料を調達し、世界各地で商品を販売するので、各国の法制度や商習慣を理解し、遵守しなくてはなりません。私が駐在した国々でも、価値観の違いから、日本の常識とはかけ離れた慣行もありましたが、差別など人権を軽視するような兆候がなく、合法であれば、容認したものはありました。今そこに国際的な基準を当てはめて改善しようという努力が払われています。

H&Mは新疆（しんきょう）ウイグル自治区の強制労働問題に対して強い懸念を表明し、黙認しないとい

う姿勢を堅持しました。内政干渉と非難する現地政府の声に、日本企業も対応に苦しむ問題ですが、透明性のある調査が許されない以上、平時の対応では許されません。ビジネスを政治や社会問題と切り離し、別の次元のものとして扱う態度では、社会的信頼に応えられなくなります。消費者の知る権利、加害者に連座しない権利の話は、企業広報の問題ではなく、企業が本来どのような社会を目指して事業をしているのかという、本質的な姿勢を問われているからです。

まとめ

- 企業には国境を越えて未来社会を考え、変える責任がある。
- 国際企業には、世界に貢献する力がある。

第7節●具体的な取り組みに向けて

1　欧米企業の動体視力とルール形成への野心

日本では業界団体に加盟し、顧問弁護士の助言に従って禁忌事項を学び、各種委員会では議事録を残し、業界に関する議論ができる仕組みがあります。しかしカナダでは公正取引委員会がこれを厳しく規制し、同業他社との情報交換は厳禁です。レストランで偶然会っても、すぐに退席しなければあらぬ疑いをかけられます。逆にアラブでは人脈社会で何でもあり。ロシアは政治や行政との人脈次第、ブラジルは業界団体を持つなど、実態は異なります。

日本の業界団体の功罪の1つに、「横並び意識の助長」があります。加盟企業は、情報を共有し、対策を議論し、抜け駆けなく対処しようという同調圧が支配的ですが、これに縛られるのは時と場合によっては辟易させられます。

実は欧州にも似たような文化があり、EU本部があるベルギーのブリュッセルにはさまざまな産業団体の事務局が置かれています。各社の政策渉外担当者は優秀で、個社で攻める時と、集団交渉で戦うケースのメリハリが効いているように感じます。

ロビイストの本場、米国ワシントンでは社長直下に政策渉外部が置かれる場合が多く、政権幹部や、議会の委員会と交渉ができる政策のプロや、ＮＧＯを使って市民の賛同を導き出すのに長けた元記者など、多彩な交渉のプロが大胆に活躍しています。

日本でも「以和為貴（わをもってとうとしとなす）」は合意可能な範囲に議論を収めることではなく、衆議を尽くして施策に合意したら、困難であっても協力して実践躬行（きゅうこう）することでした。

経営者は率先してビジョンを語り、時には批判に晒され、メンタルを鍛えられます。それはリーダーの宿命でもあり、リスクにばかり目を向けて議論を避けるのは残念です。

明治新政府の誕生に際しては、五か条の御誓文で、「廣ク會議ヲ興シ萬機公論ニ決スベシ」（議論の場を限定せず、多様な意見を議論し尽くし、公共の目的に適う決議を下す）そして「舊來ノ陋習ヲ破リ天地ノ公道ニ基クベシ」（過去の習慣にとらわれず、国際社会の変化を見定めて、公の理念に基づいて行動をとる）という精神が記されています。日本人は社会を保ち育ててきた歴史と社会理念を学び直し、自由闊達な議論で野心的な目標に挑む勇気と行動力を身に付ける時を迎えています。

２　ノハム協会が推奨する６つの取り組み分野

企業経営者やＳＤＧｓ担当者と話をしていると、日本の置かれた苦境を再認識します。世界に広大なバリューチェーンを張り巡らした島国・ニッポン。私たちはＳＤＧｓの17の目標の中から、多くの日本企業で共通して改善が求められる領域、優先して取り組むべき分野を６つ選び出しました。この６つには真摯に取り組んで頂き、さらに各企業固有のマテリアリティ（重要課題）に応じ、取り組んで頂くようにお願いしています。その６項目と最も結びつきが強いゴール、そして関係のあるゴールは以下です。

①**努力が報われ、すべての人が活躍できる社会を**（開発目標#5、8、10）
・人々に公平な機会と最適な労働条件を
・生きる喜びと幸せを感じられ、努力が報われる社会へ

②**資源のロスをなくし、資源循環型社会へ**（#12、8、9）
・商品やサービスの企画段階から省資源・循環利用を
・地域や季節に応じた産品を大切に無駄なく使おう

③人と社会のレジリエンスを高める（#10、11、3、16）

・心身の健康を維持し、復元力の高い社会を作る

・多様性を活かしたレジリエンス

④あらゆる面から気候変動対策を（#13、7）

・省エネと自然エネルギーの利用促進

・カーボンニュートラルを目指し、温室効果ガスを削減

⑤人間らしい生活と勤労（#1、2、3、4、6、7、8、10など）

・教育・医療アクセスを確保

・すべての人に社会参加の機会を

⑥すべての命を大切にする（#6、14、15、6など）

図表９　ノハム協会が勧めるSDGs取り組み課題と関連する開発目標

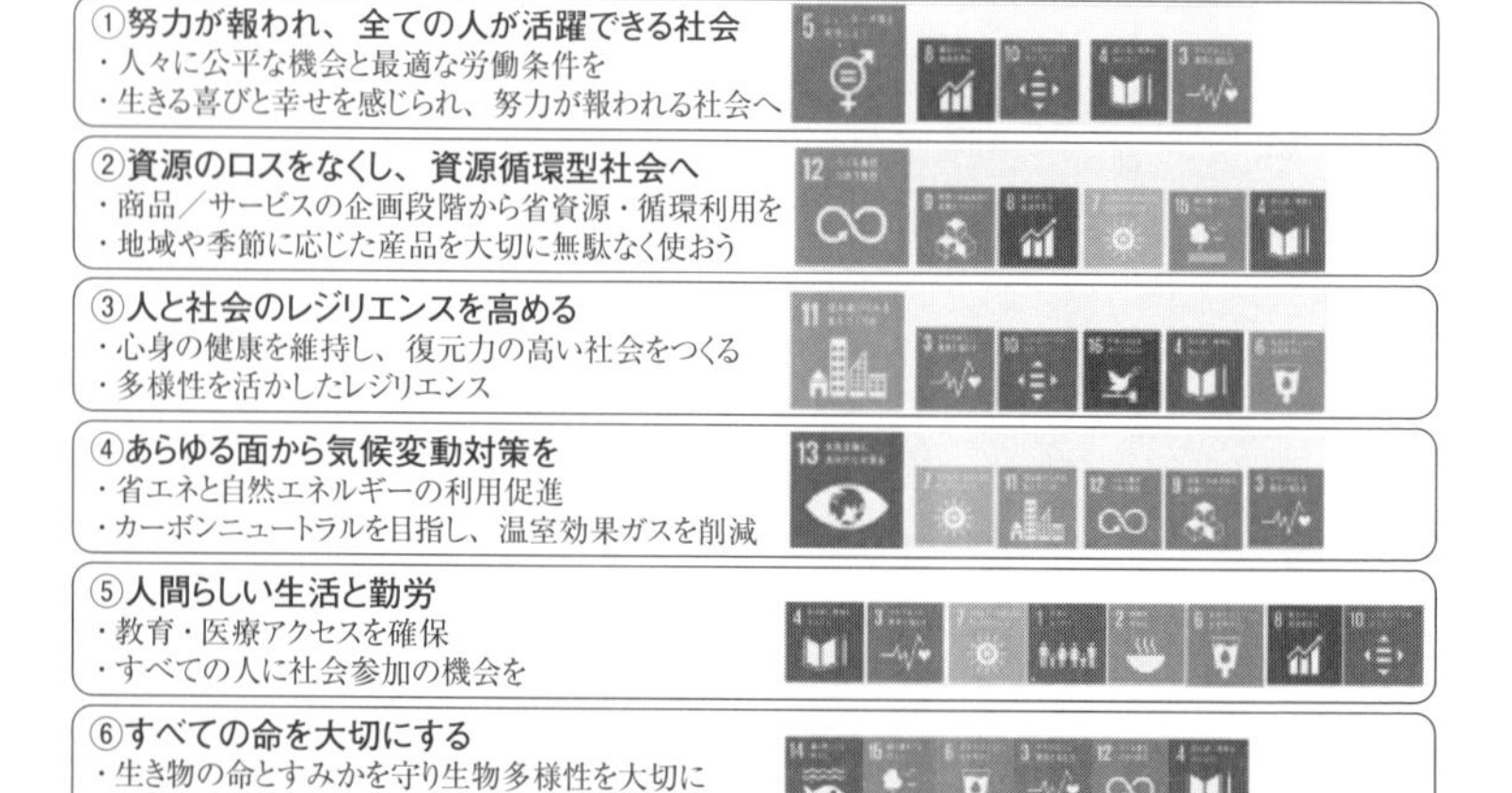

（日本ノハム協会作成）

・生き物の命とすみかを守り生物多様性を大切に
・サステナブル人材の育成

これ以外のゴールの中には、すでに日本企業が自らのマテリアリティを自覚して取り組まれているもの、あるいはすでに成果を出しているものもあるでしょう。企業は社会の中で事業を通じてプラスとマイナス両面でインパクトを与えていることを客観的に理解し、マイナスをなくしつつプラスを増やすＳＤＧｓゴールを探し、施策を実施することが、企業と社会の持続可能性を同期させることになります。

3　業界別の主なＳＤＧｓ取り組みポイント

ＳＤＧｓへの取り組みは、業界によって取り組むべき課題の差があります。まずは自社のビジネスが、社会にどのような価値を生んでいるか、そしてその価値を生むために、消費している社会資源は何かを正しく理解し（マテリアリティの検証）、そこから軽減すべき負荷を洗い出していくことが重要です。

事例として以下に述べる建設業は、ＳＤＧｓへの取り組みが不可欠な業界の1つです。なぜなら建設は気候変動に影響されやすく、資材調達ではさまざまな国と関係を持ち、また外国人従業員が増える中、労働環境への配慮が重要になるからです。まずは関連するゴールと、そこから派生するテーマについて眺めていくことにしましょう。

建設業（土木・建設・建築業）

#4：安全教育の徹底、建設技能の普及、外国籍労働者教育
#5：女性の活躍機会、トイレや更衣室の整備、男性の育児休暇取得、介護休暇の整備
#8：働き甲斐・働き方改革、安全と効率の両立、密な意思疎通、公正な評価と賃金、食堂など福利厚生の整備と運営、健康診断
#9：耐震技術、災害に強い給排水、配電盤・昇降機・貯水槽の災害対策、避難誘導システム
#10：性別・年齢・国籍など属性によらない公平な雇用、技術の継承、地域コミュニティーとの対話
#11：災害に強い街作り、レジリエンス（回復力）、高耐久性建築、国土強靭化
#12：責任ある調達（木材・石材・鉄など）、資材の節約と再利用、建設廃材の削減・再利用（プラスチックや梱包材等）
#13：自然エネルギーによる自家発電の推進、断熱効率の向上、重機の効率的な稼働

＃15：コンクリート型枠資材への配慮、森林資源の節減

こうして見て頂くと、課題の多さに溜息が出るかもしれません。これらすべてに同時に取り組むのは大変です。むしろ自社で対処できることは限られているでしょうから、業界の仲間や、系列企業、場合によってはライバル企業とも胸襟を開いて意見交換し、協力すべきところは協力して、業界全体でどう取り組むかを検討して頂きたく思います。

まとめ

- ＳＤＧｓの17ゴールのうち、どこに貢献できるか考えてみる。
- 課題は多く、一気に解決はできないからこそ、ネットワークで協力する。

第8節●飛び込んでみた「国際環境NGO」

1　経験を活かせない転職に挑む

入社以来、常に新しいよい仲間と成長機会を与えてくれたソニーですが、コア事業がゲームや金融、エンタープライズなどに分散する中、後述する「フォーラム21・梅下村塾」という異業種交流会に参加し、企業の立場を超え、1年間かけて日本の将来を考える機会を得ました。他社の管理職と議論するうちに、今、世界で最も重要なことは何か、今まで企業で学んだことを社会でもっと必要とされる場所で生かすべきではないかと感じ始めていました。部門長の役職定年まで1年半というタイミングもあり、自分で納得のいくキャリアを決断すべき時を迎えていました。

私はあえて畑違いの国際環境ＮＧＯのＷＷＦを選びました。異分野への転職によって新しいことを学び始めると、私は体中の細胞が活性化し始めたように感じました。これは自分にとっても驚きでした。

ＷＷＦには、地球という生命体がどういう状態にあり、その延長線上にどんな社会が待っているかを自分の考えで語れる専門家がたくさんおり、彼らから驚くべき事実を教えてもらいました。環境問題は対策を上回る速度で悪化しており、環境破壊は平和の実現に対して最も大きな脅威となります。国連や政府だけでは、解決は不可能のように思えました。

問題のスケールがとてつもなく大きいと、思考停止に陥り無力感に浸る人と、立ち向かおうと人々に働きかけるリーダーに分かれます。ＷＷＦには権力や資金がなくても、世界中の有識者を集め、政府や企業、研究機関などと協働して解決策をひねりだしていくプロが揃っています。人間としても純粋で信頼できる人が集まっていました。「人間が引き起こした問題は、人間が解決するしかない、そしてそれは手遅れにならなければ可能である」という思いは、私にも強い連帯感を抱かせてくれました。

2 法整備が不十分な国と持続可能性

法治国家では、法律で社会は安定し、成長できます。しかし多くの開発途上国では、経済成長を優先し、開発やインフラ整備に傾注し、環境保護や人権などは後回しになっている国もあります。開発を促進する法令と管理する法令が相反することも多く、他国の政府がそれを指摘すれば内政干渉と非難されるリスクがあるため、懸念しつつ事業を進める企業も多くあります。しかしそうした為政者への妄信や順応は危険であり、信念を持たない企業の陥りやすい罠と言えます。

日本のように根拠法を示して正当性を主張しても、矛盾する法令違反として処罰される事例は多いのです。私が駐在してきた国でも、法律はあっても執行されなかったり、矛盾する法律が乱立することがありました。企業の法律顧問ですら助言ができない事態に何度も遭遇するうち、弁護士や税理士は経営者を守れないことを実感しました。

「合法」であっても「持続可能」でないケースもたくさんあります。国有地の借地権を持つ企業が、保護樹種を避けて伐採した結果、山がほぼ丸刈りにされてしまったという、笑えない事例もありました。これではいくら合法と言えども、生物多様性は失われてしまいます。社会的影響力を持つ企業が、合法性だけを根拠に事業を行えば、消費者までも不作為の加害者にしてしまうことがあります。自ら納得できる調査に基づいて経営判断し、情報開示をするのが社会的責任を果たすことになるのです。

3　政府とNGO、企業（FPO）とNPOの違い

一般市民にとって分かりにくいのがNPOとNGOの違いではないでしょうか？ 共に市民社会団体ですが、組織を簡潔に定義すれば次のようになります。

・政府＝国民の生命と財産を守り、通商、外交や防衛で国益を最大化する組織
・NGO＝世界の市民や次世代のため、国益を越えて環境や社会課題の解決に挑む組織
・企業＝投資家・社員・消費者のため、事業の継続と成長を通じて利益を追求、還元する組織
・NPO＝市民に対し、利益を優先せず社会課題の解決を目指して事業（子ども食堂、DV被害者シェルター、障碍者の雇用促進など）を行う団体

つまり、NGOは行政が取り組む未解決の課題に、垣根を越えて取り組む非政府団体で、NPOは本来企業が行うような事業を、利益を目的とせずに行う団体と言えます。その意味

では、行政がすべての問題を解決できれば、NGOを必要としないかもしれません。また企業が提供する商品やサービスの公益性が高ければ、NPOも不要になるかもしれません。しかし、現実にはそうならず、NGOやNPOが増えています。

政府同士の利害の対立、企業の利益志向と一線を画し、社会に必要な行動をとることは極めて重要です。そういう活動が認知され推進されている社会は、民主主義を正しく機能させている社会とも言えるでしょう。

4　WWFと支援者、人材、活動

国際環境NGO・WWFは1961年に設立され、日本事務所は1971年に上野動物園の事務スペースを借りて創立されました。現在は職員約80名、支援会員は約4万8000名、パートナー企業は150社、年間寄付総額は20億円を超えました。

WWFは、対立よりも対話を通じて解決策を提案し実施する団体です。科学データに基づいて当事者を巻き込み協働するプロジェクトなので着実に成果を生みます。環境保護は地域住民の人権や貧困などが絡み合う複雑な課題です。国際環境NGOとしては、国境をまたぐ、インパクトの大きなプロジェクトに取り組む使命があり、他の団体が解決できる案件にWWFの人材や資金を投入することはありません。東日本大震災の南三陸町の復興支援事業など、国内の事業もありますが、「世界の海産物の持続可能な生産と消費」という枠組みの中で計画されています。

非政府組織・NGOは、時として「反政府団体」と誤解されることがあります。実態は実に真面目な専門家集団です。NGOの一部にはデモ行進や企業を糾弾したり、株主総会で騒動を起こす団体もありますが、そういう行動はごく少数です。糾弾や対立で解決するほど問題は簡単ではなく、立場を超えて解決策を生み出さなければ前には進めません。

国際社会ではNGOや市民社会団体を「Non state actor（非国家主体）」と呼んで、政府や企業のパートナーと考えるようになりました。公的資金支援はなく、自ら資金調達をするため、資金難で消えていく団体も枚挙に暇がありません。

英国王室のエジンバラ公がWWF－UKの総裁を務め、フランス政府の経済開発担当大臣がWWFフランスの事務局長に転職するなど、NGOの社会的地位は高く、日本では秋篠宮皇嗣殿下に名誉総裁にご就任頂いています。私が入局した2015年には徳川宗家十八代の徳川恒孝氏が会長、島津久永氏と淡輪敬三氏が副会長という錚々たる理事に支えられ、社会的な信用の堅持を心がけていました。職員には海外の超一流大学出身者が多いのも特徴です。企業で見られるライバルや派閥といった世俗的な憂いがないので働きやすく、財務や人事面では見直しを要する点はありましたが、素晴らしい仲間たちでした。

企業はＳＤＧｓに取り組む際に、積極的にＮＧＯと相談すべきです。開発目標15の「陸の命を守ろう」なら、実際にインドネシアのジャングルに深く入り込むのです。現地語で対話できる専門家や動物学者は企業にはいないでしょうし、現地のＮＧＯともパートナーとして協働することで着実に成果を生めます。

ＮＧＯは課題を解決し、地域住民と行政や企業が自らの手で保護を実施できるような協働体制作りを目指します。目的を果たして撤収できることが、ＮＧＯの「成功の証」です。

自然環境や地域コミュニティを相手にするので、すべてが計画通りに進むとは限りません。想定外のトラブルが起こりますが、それらに対するレジリエンスもＮＧＯの実力の糧となり、さらなる研鑽のチャンスなのです。

ＮＧＯの経費管理は公正で厳格です。支援金は最大限、現場の活動費に充当します。エコノミークラスで30時間過ごし、中南米に出向くと腰痛を訴える職員も出てしまいますが、職場のモラルは高く、支援者の思いに応えたいという気持ちを実感します。

5　戦略〝One Planet Lifestyle〟

ＷＷＦが隔年発行する報告書「Living Planet Index」（邦題「生きている地球レポート」）は、世界中の生物学者や研究者約３万人の協力を得て、１９７０年から続くもので、分かりやすいイラストを含む概略版がインターネットでも見られます。

https://www.wwf.or.jp/activities/lib/5153.html

２０２２年版では、約４４００種を対象に、調査を開始した１９７０年から見て生物多様性が69％も減少したという調査結果が世界に衝撃を与えました。

人間の消費は、地球の生産能力を約75％も超過している点も重大な指摘です。これは人間が今の生活スタイルを維持するには、地球１・75個分の資源を必要とするということです。人間活動はすでに持続可能ではないということ、したがってこれからの社会は地球の健全さを取り戻す新しい価値観で運営すべきだと結論しています。これを機に、さらに多くのビジネスリーダーや市民が危機意識を共有し、持続可能な経済システムを考えようと立ち上がったのです。

(1) 80億人の生活者と15億人の生産者を繋ぐカクテルグラスの戦略

世界人口が80億人に達する中、世界の生産現場に従事する人は約15億人と言われています。WWFの職員は全世界で8000名弱ですので、すべての職員が叫んでも、その声は砂漠にコップの水を撒くのと同じです。しかし、生産者と消費者を繋ぐサプライチェーンはグローバル競争でどんどん集約され、グローバル企業と連携できれば、大きな社会的インパクトを出せるはずです。世界中の農家を説得はできなくても、大手種苗メーカーには対話を申し込めますし、自動車メーカーも上位10社のCEOと対話すれば、世界市場で70％を超える消費者にインパクトを与えられます。私たちはこれを「カクテルグラスの戦略」と呼んで多くのプロジェクトを企画してきました。

(2) エコロジカルフットプリントという概念

地球は壮大ながらその資源は有限です。自然環境が資源を再生する復元力の範囲内であれば、一時的に消費が増えても再生は可能です。これは井戸を例に取れば想像しやすいかもしれません。井戸水は地表から浸み込む水で潤いますが、浸水量を超えて汲み上げ続ければ、地下水は枯渇します。人間活動が自然にどの程度の負荷をかけているのかを、面積に換算して表示したのが「エコロジカルフットプリント」です。それが地球一個分なら、自然の再生力の中で

図表10　生きている地球指数（1970年～2018年）

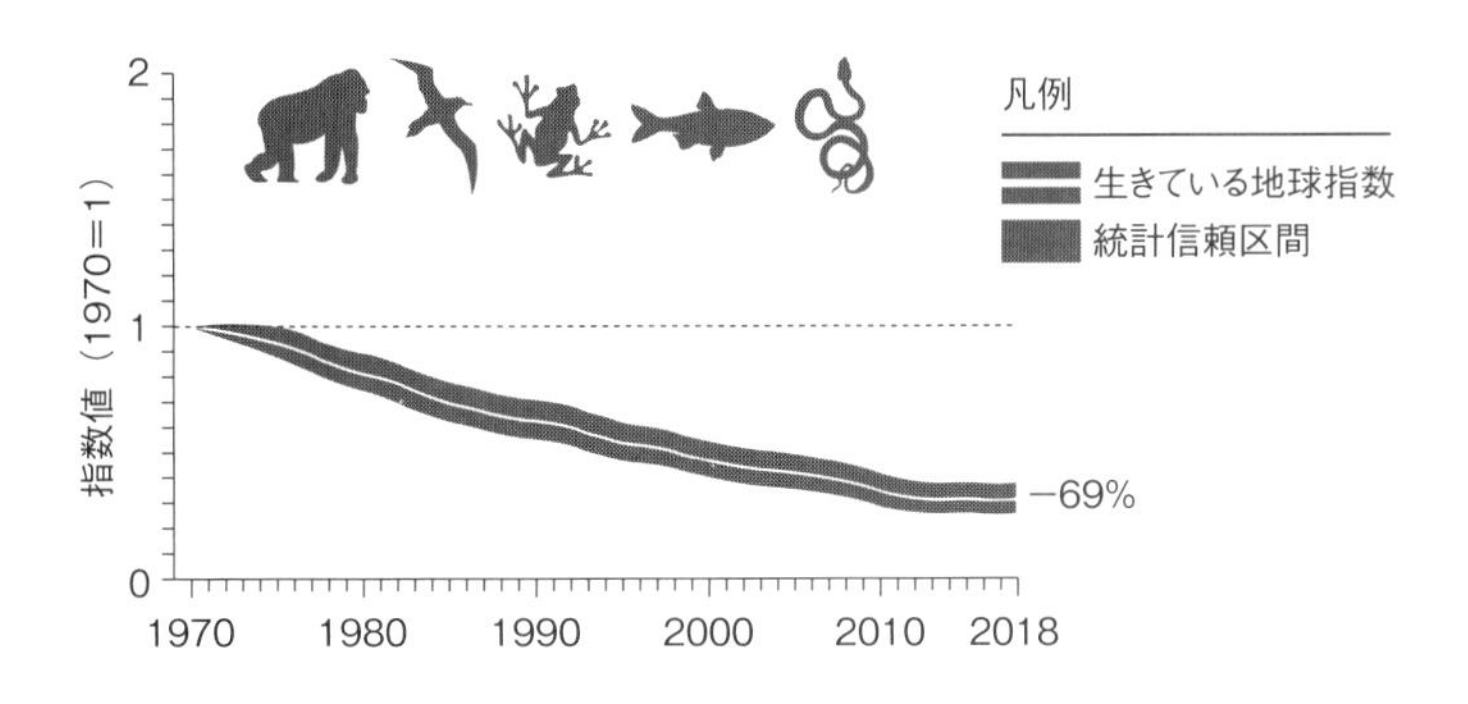

図表11　WWFの企業連携戦略

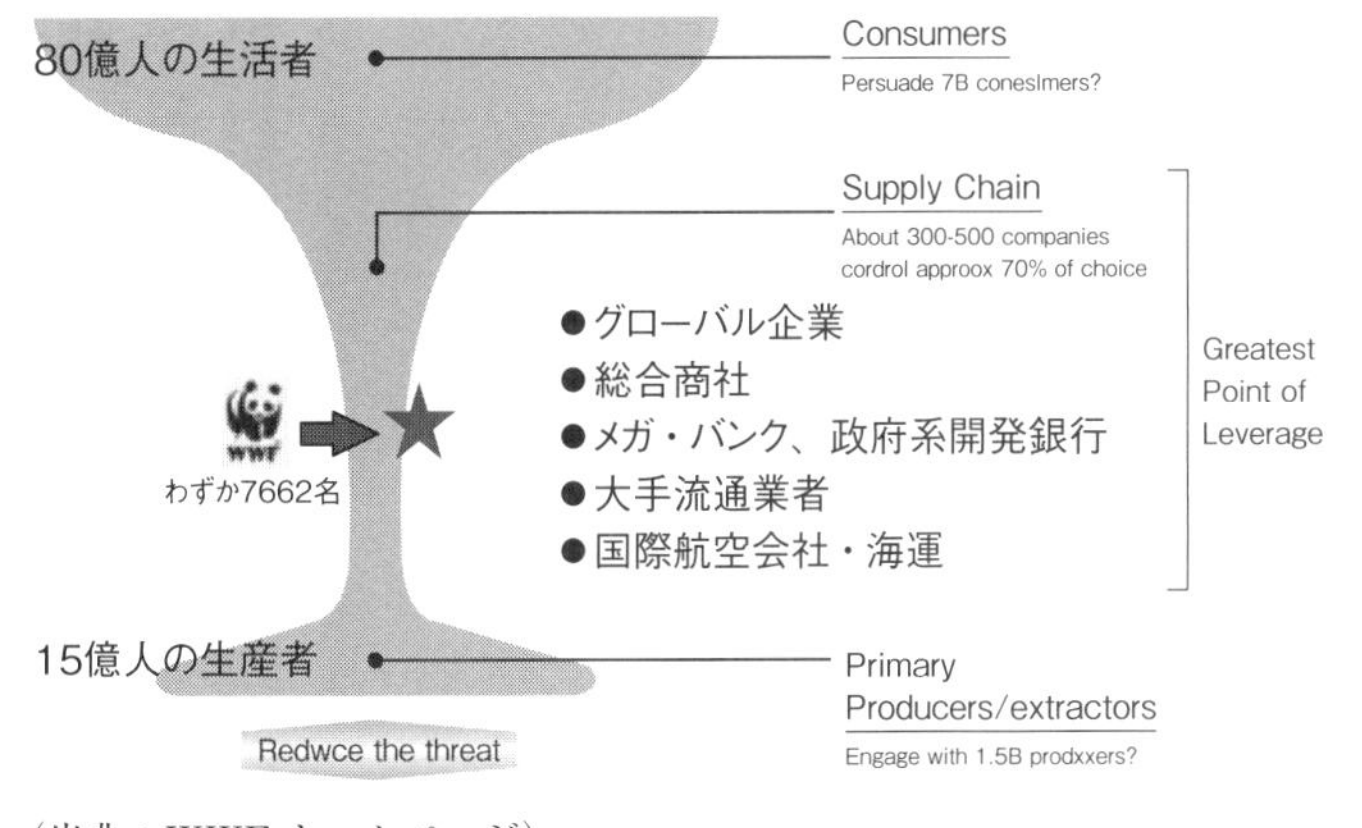

（出典：WWFホームページ）

暮らしを続けることが可能です。地球のバイオキャパシティーは122億ギガヘクタールと換算されていますが、現在われわれが利用しているのは206億ギガヘクタール。これが地球1・6個分のペースで、私たちは資源を過剰に使い続け、枯渇に向けて邁進しているというわけです。

(3) インパクトを創り出すレバレッジ戦略

NGOが大きな社会的インパクトを生むには、交渉相手のビジネスを熟知しておく必要があります。例えばタイヤ業界の問題について自動車メーカーやリサイクル業者と何度も面会し、課題を整理し、有識者の考えなども引用して説得にあたります。当事者が無視できないステークホルダーを把握し、その人たちの理解や支援を得て解決提案することで交渉の糸口を掴みます。欧米のロビイストやNGOの交渉の基本です。こうしたノウハウは他のNGOにも共有し、企業にも開示します。憶測や疑念を払拭し、誠実に早くオープンな議論に入るためです。それが国際NGOの矜持です。

徳川恒孝(つねなり)会長には環境と社会の関係を超長期で大局的に捉え、行動計画を練るよう御指導頂きました。本質を掴み、数十年かかろうとも一貫して取り組む覚悟が必要であり、リーダーの資質としては「胆力」が不可欠との助言も心に響きました。

名誉総裁や会長にはご心配やご迷惑をかけられないという強い思いが、事務局の規律維持に繋がりました。人間は最終的には「お人柄」が重要で、他人への思いやりと信頼が大切だと身をもって示されました。公益に奉仕する精神と、あるべき社会に向かっては一歩も信念を曲げないという潔い生き方は、多くの職員のエンゲージメントを引き出しています。

6　企業パートナーシップ戦略

日本は世界各国と幅広い相互依存関係にあります。エネルギーは88％、食料は62％、衣服に至っては97％を輸入に頼っており、自動車の販売先は82％が海外市場です。諸外国とのパートナーシップに綻（ほころ）びがあれば生活が成り立たなくなります。企業活動に瑕疵（かし）があれば、消費者を間接的に加担させてしまうことにもなりかねません。こうしたリスクを排除すべく、ＮＧＯと企業はパートナーシップを結び、問題の正しい認識と解決策の実施に至るまで協働することが増えています。以下に事例を紹介したいと思います。

7 「持続可能な天然ゴム」トヨタ×WWFジャパン

自動車産業は経済成長の功労者である一方で、気候変動を引き起こした側でもあります。トヨタ自動車環境部とのパートナーシップを検討した当初は、スイスのWWF本部から中止要請が来ました。「自動車業界はグレー産業であり、協働できる相手ではない」。

私は耳を疑いました。環境問題を起こしていない企業とだけ協力して気候変動対策は間に合うのか。グレー産業であればこそグリーン陣営へと引き込むべきで、パートナーシップを通じて対策推進を働きかけるのが対話を重視するWWFの使命のはずです。激論の末、2015年の秋に本部の事務局長ランベルティーニ博士を招き、トヨタ環境フォーラムで内山田竹志トヨタ会長と2050年CO_2排出90%減の宣言に同席することになりました。「生きているアジアの森」プロジェクトはソニーや伊藤忠商事などとのパートナーシップで推し進めてきた東南アジアでの熱帯雨林保護の事業のひとつですが、ここにトヨタ自動車の支援を加え、プロジェクトが強化されました。こうした事例を重ねるうちにWWFの中でも日本事務所に注目と期待が注がれるようになりました。

自動車メーカーは、鋼板やプラスチック、アルミやガラス、ゴムなど、幅広い資材から作られますのでマテリアリティ（事業上の社会環境負荷や創造価値）は広範囲になります。

トヨタ自動車はハイブリッド車やＦＣＶ燃料電池車など、多様な技術でCO_2削減に取り組んでいますが、タイヤの主原料である天然ゴム林の拡張が森林減少を起こしていることを理解頂きました。トヨタ自身はタイヤメーカーではなく、天然ゴムの調達には責任がありませんが、天然ゴムの８割近くがタイヤに利用される以上、間接的な責任は問われかねません。

トヨタ環境部はオブザーバーという立場で、タイヤメーカー各社とＷＷＦの交渉を見守ってくれたのです。これを機にタイヤメーカーや総合商社、現地の生産者団体などと共に、「持続可能な天然ゴムのための国際共同体」が創設されました。ＷＷＦジャパンの森林チームに弁護士の職員が加わり、我慢強く交渉した成果です。気候変動対策の一環として、今後顕著な成果を生むことが期待されています。

これからサステナブルな社会を実現するにあたり、留意すべきは残された時間的猶予です。社会や環境が不可逆的な傷を負った後では、回復がいっそう困難になるからです。実証されたノウハウで解決に取り組む専門家を擁し、透明性のあるＮＧＯは社会の資産です。企業の目でしっかり精査し、信頼できるＮＧＯと連携して頂きたいと思います。

まとめ

・NGOだからできること、企業だからできることがある。
・企業とNGO、NPOが協力することで、よりサステナブルな社会が近づく。

第6章

歴史の傍観者にならないために

第1節 ● 競争から協創の時代へ

歴史上のリーダーは、往々にして時代の要請に応えるかのように出現することが多いようです。米国とソ連邦が対峙した東西冷戦下、人類は核戦争の危機に直面していました。その時43歳の若さで第35代アメリカ大統領に選ばれたのが、J・F・ケネディです。彼の就任演説は、「国が何を与えてくれるかを問うのではなく、自分が国にどう貢献すべきかを考えてほしい」という部分が特に有名ですが、実はその後に、韻を踏む形で世界に向けて次の言葉が続きます。「アメリカに何ができるかを問うのではなく、世界各国が団結して、人類の自由のために何ができるかを考えようではないか」。

今、私たちに問われているのは、まさにこのことです。自分たちが暮らす地球で自ら何をすべきかを考え、行動することが時代の要請です。

社会はこれまで「健全な競争」を通じて成長を遂げた一方、「不健全な競争」で破壊と殺戮を繰り返してきました。新たな技術が評価されるのは当然ですが、むしろそれをどう使うかが問われるべきです。

ライバルとして競い合う中で、数多くの発明やイノベーションが生まれてきました。スポーツでも事業活動でも、競い合ううちに、個々では成し得ない成果を生むこともしばしばです。しかし、競争は人間の隠れた魔性までも刺激し、多くの生命や財産が失われました。敗者の怨嗟は何世代にもわたって引き継がれ、また勝者の驕り（おご）は次の悲劇の導火線となります。

ＳＤＧｓの推進に向けては、競争するエネルギーを失うことなく、「協創する社会」へと目標を変える必要があります。国家という地政学的な境界に拘泥し、国益のために他を犠牲にする時代に終止符を打ち、地球という「小さな故郷」を共有する79億人が暮らし続けられることに目標を掲げるのです。

「小さなことが小さなことではない、大きなことが大きなことではない、それは心ひとつだ」という作家・有島武郎の言葉に耳を傾け、人類の英知を結集し、社会に変容をもたらすべきではないでしょうか。

1　グローバル・リーダーシップ

２０３０年に期限を迎えるＳＤＧｓは、国連が各国政府のみならず、民間企業、州政府や研究機関に至るすべての組織と一般市民に参加を呼びかけたグローバル・イニシアチブです。なぜなら地球規模課題に、総力を挙げて取り組み、解決を急がなければ、その被害が人類すべてに及ぶからです。問題の多くは、一定の許容値（閾値（いきち））を超えたときに、一気に悪化して、後戻りできず甚大な被害をもたらすことになります。

この局面でグローバルリーダーに、私は以下が求められると考えます。

①問題が壮大で、解決の糸口が見えなくても、これに向き合い、逃げない勇気
②歴史や文化、言語や信仰の違いには配慮する一方で、過去の怨嗟を乗り越え、あるべき社会について建設的に議論し、構想する能力
③国際社会が相互に依存し合うコミュニティーであり、遠く離れた国の問題であっても、いずれ影響が及ぶことを理解し、自分事として解決を目指す責任感
④政府や国連のみならず、企業や学術団体、ＮＧＯやメディア、そして一般市民と、課題の本質と解決の選択肢について対話する能力

⑤ＧＲＩＴ（自分の世代では解決できなくても諦めない執念）
私は多くのリーダーたちと出会い、彼らの熱量、矜持や信条に感銘を受けました。
２０４０年の主役になる人々にはぜひ、身に付けて頂きたい資質だと思います。

２　ＳＤＧｓの先を考えるリーダー教育

企業の方々からは、「ＳＤＧｓを正しく理解したい」という要望を伺います。世界規模課題を理解することを教養に留めず、そこから事業を見つめ直し、社内の制度を改善したり、商品やサービスが社会を持続可能性にするように変えて行ければ、ビジネスを伸ばす機会をとらえられます。コロナ禍などの逆境は経営を直撃しますが、その中で次の一手を打ち出そうと苦悶する中から、新たなビジネスのヒントが生まれます。

ＳＤＧｓの開発目標が実現されたあとの社会はどうなるのでしょうか。
日露戦争に勝利した後、ロシアの南侵を食い止めた日本と、新しい世界秩序の構想を練るイギリスは、日英同盟の絆を元に、今後の世界秩序をどうするか、そしていかにアジア太平洋地域において両国が権益を分けるべきか、という議論をしたと言われています。しかし日本政府は明確なビジョンを持たず、イギリスを落胆させたという逸話があります。

私たちは「ポストＳＤＧｓ」についても考えておかねばなりません。今はＳＤＧｓに真摯に取り組みつつ、その先の構想を練り始めたいと思います。

３　共感は支配を上回る

ＳＤＧｓの成功は、いかに多くの企業や市民が賛同し、従来の価値観を見直すかにかかっています。そのためには、ＳＤＧｓを自分事として感じてもらわなければなりません。政府やＮＧＯはさまざまなメディアやイベントを通じて市民参加を促していますが、傾聴してくれる人は僅かです。民主主義の深度や信仰にもよるのかもしれませんが、日本と欧米では市民社会活動に対する認識に大きな格差があります。

アメリカは途方もないお金持ちが多く、またキリスト教による慈善活動への理解もあって、個人寄付だけで総額は年間30兆円にも達します。人口は日本の２・６倍ですから、その比率では日本でも12兆円は欲しいところですが、残念ながら２０２１年の寄付総額はその１割、１兆２１００億円でした。英国は一人当たりで日本の約３・２倍、韓国でも約１・６倍の個人寄付が寄せられています。

それはなぜでしょうか？　日本人はきちんと納税すれば、あとは政府や地方自治体がやってくれるとの誤解があるのかもしれません。政策はエリート官僚が決め、自分はそれに従えばよい。社会問題に個人レベルで関わっても仕方がない。そんな声が聞こえてきそうです。

欧米では政府を監視し、民主主義を機能させるのは市民という自覚があり、行政施策では事態が改善しない場合、ＮＧＯなどの社会市民団体を通じて、課題解決に参加していこうという姿勢が見られます。

大航海時代以降、世界では先進国が、開発途上国を武力支配する時代が続き、第２次世界大戦後、１５０近い国や地域が独立しても、権益擁護政策が継続してとられました。

旧植民地でも、加工業や製造技術を導入できた国は成長を遂げますが、名ばかりの開発で道路や港湾インフラは作っても、付加価値を生む産業分野には投資が遅れたままの国もあります。先進国が自戒しないと、開発途上国は、いつまでも「途上」に捨て置かれたままです。

江戸時代は２６０年の長きにわたって徳川家の統治が続き、世界史を眺めても異例の長さですが、そこには幕府の「武力の支配から徳の支配への変容」が奏功したようです。天下統一後、しばらくは武士階級が力による秩序を維持していましたが、度重なる天災や飢饉を経るうちに、生産者である農民を無慈悲に扱うよりも、生活を維持できるように配慮しないと、社会基盤が崩れることを理解したからです。

また儒教思想に基づく「仁政」で民衆の信頼と尊敬を集めた藩主も少なくありませんでし

た。仁政思想では、「将軍は天下の万民を安穏に治めることを天職とし、藩主は藩の人々を将軍から預かっているため、これを安穏に治めるよう将軍から委任されている」と解釈していたのです。そうした立場に則れば、特産物を開発して藩財政を潤し、一揆を予防して生産人口を守ったことは、ある意味ＳＤＧｓの理念に近い発想と思われます。

脱落者を出さず、皆が協力することで成長に導けるリーダーは、いつの時代でもサステナビリティの概念を理解し、行動していけるのではないでしょうか。

まとめ

・新たな時代のリーダーシップを身に付ける。
・キーワードは「共感」。

第2節●企業で働くということ

組織の中で働くには、安定した環境の中で、役割分担に応じ、求められる成果を上げる必要があります。企業の投資の中で、社員の採用は最も高いリスクであり、高額な投資とも言えます。人材は時間をかけて育て、成果を導き出す生きた資本だからです。

個人事業主はすべてを自分で把握し、常に経営資源の配分を考えるので、事業全体を俯瞰することが習慣となっていますが、企業で働く人は、任命された役割に集中するため、事業の全体像を掴むのは困難となります。

経営トップになる前は、自分が任された部署の目標達成を優先しようとするあまり、これを妨げるものがあれば、社員同士で敵対することもしばしばです。製造や販売などの現場責任を持つ者は、管理部門との摩擦に苛まれます。こうした対立構造の中では、何十年も先のことを見据えた協業は困難になります。

経営者と言えども「自分はそれまでに引退している」とか「今を生き延びなければ将来はな

い」などと、足元の火消しに忙しいでしょうし、遥か先のビジョンを語るのはかえって無責任と感じる人もいるでしょう。そこが経営学者と経営者の違いでもあり、現実です。

1　企業の中の選択と自己責任

職歴を聞くと「○年間、○○をやらされていました」という表現をよく聞きます。人事の命令に従ったのだから、主体的な判断ではないという意味で、そういう言い方をしているのかもしれません。

しかしそれは事実でしょうか。確かに業務命令は強制力があると思いますが、会社を辞めればその拘束力はなくなります。任命された仕事をしてその企業に留まるというのは自主的な判断であり、自らの選択です。受けた以上は前向きに仕事に取り組む方が生産的ですし、改善すべき点があれば、仲間や上長と建設的に見直す必要があります。

企業で働くには、持ち場でその「一隅を照らす」仕事をするわけですが、自分の創意工夫で業務プロセスを改善したり、業務の優先順位を見直すなど、自らを主役に仕立てて業績アップに貢献する方法を考えた方が賢明です。自分が納得して仕事に取り組めることが、持続可能な働き方の基盤となるからです。

2　勤労の報酬について

私たちは何を得ようと働いているのでしょうか。労働の対価は賃金である、あるいは社会的地位や信用という人もいるでしょう。それは正しいのですが、仕事を通じて私たちはそれ以上に価値のあるものを得ているのではないでしょうか。

(1)　自分の成長

企業で働くことで、私たちは経営リソースを利用できます。資材や予算はもとより、会社の信用力や先輩のサポート、部下の協力などもそうです。これらは個人事業主では得難い特典と言えます。そうして使えるリソースを集めて挑戦し、仮に失敗しても学びを得て、成功すれば自信を付け、私たちは経験を重ねて成長することができます。

「体験価値」と言われるように、実際に行動に移さないと分からないことがたくさんあります。成功体験はより大きなプロジェクトに挑戦する勇気を与えてくれます。自分の能力が周囲からも認められ、より大きな責任を任される。そうした勇気や能力を養うことこそ、企業で得られる最高の収穫ではないでしょうか。

(2) 他人の成長

上司や先輩、部下の協力に報いるには、周囲にも機会を提供することが大切です。最近は昇進や部下を持つことを躊躇する人が増えていると聞きます。働き方改革で部下の指導がやりにくくなったという管理職の溜息も耳にします。上司と部下の板挟みや、人間関係で悩むのは嫌だという気持ちもよく分かります。

しかし、上司・部下を主従関係とはとらえず、それぞれの立場や能力を理解し尊重した上で協力し合う方法もありますし、部下にできるところまで自由にやらせ、修正や復旧が必要な場合だけサポートする上司もいます。部下や仲間が実力を付け、成功を見届けるのは実に誇らしく嬉しいものです。成果を上げるコツを掴めば、自分の職位や権限を委譲して、さらに挑戦してもらいたいと思います。

人は、昔からずっとそれを繰り返し、レベルを少しずつ上げるように努力してきたのです。勤労の報酬は部下の成長である。これは実際に体験すれば、得難い喜びとして理解されるでしょう。

（3）社会の成長

自分や仲間の成長の先にあるものは企業の成長であり、社会の成長ではないかと思います。技術は常に進化し、より豊かで便利な暮らしを手にしているはずなのですが、実際の社会ではそれを実感することはあまりありません。一握りの幸福が周囲に不幸を招くこともあります。医薬品の乱用や、ハッキングなど、技術を悪用して真逆の結果を生むような行為も不幸にして実在します。

平和や安定を長続きさせるには、目指す社会の明確なビジョンに向け、不幸の連鎖を断ち切るしかありません。50歳を過ぎるころにはそう感じる人は多いようですが、若くて元気なうちに行動を起こし、悔いのない人生を送って頂きたいものです。

3　歴史の傍観者に甘んじるのはやめよう

時代の大きな変化を見究め、正しく対応できれば、それは新たな成長機会を生みますが、変化を恐れ、抗うだけでは、やがて淘汰されてしまいます。経営者は常にそういう危機意識を持ちながら先を読もうと努力しています。重要なのはその期間の長さです。企業の中期計画では3年から5年先を計画します。国連が15年先の世界を構想してＳＤＧｓを掲げても、経営者には、退職後の遠い世界に見えてしまいます。

ところが歴史の大きな変化点は、何年もかけて兆候が見え始め、四半世紀をかけて激変から定着に至ることが珍しくありません。１９８５年に初めて使われた「地球温暖化」という概念は、１９９０年に気候変動枠組み条約となって世界的に危機意識を増し、２０１６年のパリ協定で大きく前進しました。

「低炭素社会」という言葉で容認してきた化石エネルギーは、「脱炭素社会」で低減から離脱に向かい、英仏・北欧で議論されていた化石燃料車の新車販売禁止は、今やＥＵ加盟国すべての合意として２０３５年から施行されます。「いずれ法律ができたら守るしかない」と待っているようでは、対応が間に合わなくなります。

現在の企業価値をベースに、将来にも通用する価値に変貌を遂げるよう動くのが経営トップの使命です。それにはアンテナを高く張り巡らし、情報を分析し、ルール形成も必要な投資ととらえて自ら関与していくしかありません。

(１) 提言を書く勇気

若い時は上司に言われたことをやり遂げるだけでも大変ですから、自分の周辺まで気を回す余裕はないでしょう。しかし、経験を積むにつれて、自分の仕事が会社や社会にとってどんな意味を持ち、どんな価値を生んでいるのかを考えなければ、それは主体性を欠いた作業に過ぎず、ビジネスを学ぶことにはなりません。

職場には習慣や、お作法というものがあります。中には陋習と言われる無意味で有害なものもあるでしょう。主体的に働くにはそういう習慣を見直し、取捨選択する必要があります。

まずは実態や、背景、その影響などを自分なりに紙に書き出し整理してみることをお勧めします。捨てる業務を決め、仕事のやり方を変えるとどうなるのか、提案書にまとめるのは勇気が要りますが、いったん出された提案書は、放置しにくいのが上司の本音です。書いた方も、すぐに返事をもらえなくとも、提案する姿勢を貫くことで企業は課題に気付き、対処せざるを得なくなります。

(2) 声を上げると違った地平線が見えてくる

違和感や、懸念があれば、いつまでも看過すべきではありません。同じように問題視している人は周囲にもいるでしょうし、誰かの小さな指摘から問題が徐々に顕在化していくのが常です。最初の一歩を踏み出すのは勇気がいりますが、半歩だけ前に出て、声を上げることがSNS等で可能になりました。まずは仲間内で呟いてみて、同調する意見があれば声を上げ、そこから実像が浮かび上がらせるのは21世紀の優位性です。

専制統治者が最も恐れるのは、報道やＮＧＯの指摘ではなく、むしろ小さな声が拡がることです。発信には責任を持ち、未確認の情報や都合のよい部分のみの引用などは慎むべきですが、民主主義に対するＳＮＳの使命は今後ますます重要性を増すと思います。

（3）変革は常に小さな勇気と行動から起きる

個人の意見は20年前とは圧倒的に違ったスピードで広げることが可能になりました。フェイク情報が溢れる中、正しい情報を選ぶリテラシーは必要です。しかしコロナ禍で格段に進化したリモート文化は、時空を選ばない交流を加速し、社会は大きな岐路に立っているのです。

不正行為は、白日の下に晒されていきます。企業の不正を暴くのは外部調査だけではなく、むしろ実情を知る社員や取引先が情報提供者になっていきます。そういう変化を十分理解した上で、覚悟を決めて臨むしかないのです。

4　ＳＤＧｓの「開発」という言葉について

ＳＤＧｓの「開発目標」という言葉は、研究開発や資源開発などと同じ意味でしょうか。どうもピンとこない、という声をよく聞きます。ＳＤＧｓ誕生に貢献した元国連大使の吉川日本ノハム協会理事に、その意味を尋ねました。

第２次世界大戦が終わった頃、世界の国の数は49カ国でした。大戦を戦った国々は疲弊し、大戦に引きずり込まれ、資源や労力を供出させられた植民地では民族独立運動が高まりました。戦勝国は自由主義経済を信奉するアメリカやヨーロッパの西側と、社会主義による国家管理型のソ連や中国などの東側とが対峙する「東西冷戦」へと移行しました。

大戦終了後すぐに、戦勝国同士が政治イデオロギーで対立を始めたわけです。多くの植民地は自主独立を目指しますが、旧宗主国も簡単に利権を手放すわけがありません。そこで使われたのが、「開発」という言葉でした。旧植民地は貧困から抜け出せないまま留め置かれ、北半球の経済大国との間に「南北問題」と言われる深刻な格差が生じました。発展途上国は自らの意志でインフラ整備や産業振興を行うことは叶わず、旧宗主国が自分たちの利権や影響力を維持しやすいように「開発」が進められたケースが多かったようです。

開発には資金と人材の投入が欠かせませんが、それらを持つ国々が「開発」という美名のもとに、旧植民地における自らの権益維持に努めたのです。

自由民主主義を唱える西側は、市場自由化で貿易を拡大し、投資による開発を促します。一方で社会主義陣営は、欧米資本による搾取を恐れ、企業の国営化や国土と資源の国有化を急がせたのです。

こうした対立が世界各地で先鋭化し、地域紛争に発展しました。東西冷戦の代理戦争として朝鮮半島、ベトナム、アフガニスタンやコンゴでは動乱に発展し、大きな被害を生みました。開発の中身は資源アクセス、社会インフラ整備、教育普及、自治体制の構築などで、これらを包括する形で「開発」という言葉が使われたのです。

国連は非国家主体であり、停戦監視や選挙監視目的以外には武力を行使できないので、多くの紛争に対しては停戦交渉を促し、監視団を派遣してきましたが、武力衝突は排除できませんでした。このような背景の中で、将来の社会ビジョンを構想し、現実社会のギャップを分析し、地球という大きな生命体と、その上で暮らす人類が持続的に生存できるように課題を分野ごとに整理し、目標を掲げ、非国家主体（企業、ＮＧＯ・ＮＰＯなどの市民社会団体、市民）にも参加を呼びかけているのがＳＤＧｓなのです。

no harmという理念は、すべての生き物が求める本質的な価値と言えます。自然界の食物連鎖で頂点に立つライオンやトラは、生きるため以外の目的では狩りをしません。必要な自然資源を、必要な時に、必要な分だけ生態系サービスの中から使わせて頂くという謙虚な生き方です。無慈悲に屠り（ほふり）、食べきれない肉を得て、他に誇示したいという見栄は人間以外の動物にはありません。そうやって家族を養いながらすべてが循環する生態系の中で多くの生き物たちが暮らしてきたのです。

5　きれいごと・青臭い議論・べき論の活性化

私はＷＷＦという国際環境団体で、ある確信を持つようになりました。それは「自然は最高の科学であり芸術でもある」ということです。

便利なモバイル機器、抗がん剤や手術ロボット・ダビンチには素晴らしい価値があり、国際金融制度がなければ原野の開発もできないでしょう。しかしそれらは環境や生き物の尊厳が守られるという、大きな土台の上に築かれた追加的価値であり、人類社会の継続性を担保するほどの根源的な価値ではないと思うのです。

ビジネスの現場ではこのような根源的な議論をする機会は決して多くないでしょう。「青臭い論題」と切り捨てられるかもしれません。しかしその本質を見つめ続けることで、大きな転換点に遭遇した時に、正しい判断を下す力が養われると思うのです。今はまさにその転換点を迎えているのです。

1週間の天気を予想することはできても、それを変えることはできません。科学の粋を集めれば気象現象にも多少のインパクトを与えられるかもしれませんが、それは科学の正しい利用法ではないと思います。むしろどんな天候の中でも豊かな暮らしができる柔軟性やレジリエンスを尊ぶ時代が始まっています。

人間には変化を察知するセンサーと、歴史から学んだ知恵や科学技術によって対応する能力が備わっています。そしてその変化があまりに大きく、不可逆的であれば、自分たちの暮らしを変える英知があると思います。歴史を作る側に立とうという意識は、時代に流される側よりも遥かに大きな苦労を伴うと思います。しかしそこに市民や企業、NGOが参加した時、政府の力を倍加させ、人類の歴史的転換点を作り得るでしょう。

消費者は何を買い、どう使うべきかを考え、企業はどんな価値を提供すべきかを考えると き、そこには自ずとサステナビリティが共通の価値として浮かび上がるでしょう。なぜなら地球に暮らすすべての生き物の共通の価値観が「サステナビリティ」に収斂（しゅうれん）されるからです。

原点に立ち返る必要が出てきました。長い歴史の中で、人類が自らの活動によって持続可能な生き物ではなくなるリスクが初めて顕在化してきたからです。大変危機的な状況であることは間違いありませんが、今なら間に合うと信じたいものです。

6　No harmな世界とは

日本ノハム協会は、「日本の、ハム協会」と誤解されやすいので、最近では日本ノーハーム協会と伸ばして発音するように心がけています。ハーム（harm）は、ゲルマン語のharmaz（危害、苦痛、損害）を語源とする英語ですが、人や社会に対する害、傷つける行為、損傷など、私たちが避けたいものを表しています。同義語にdamage、injure、hurt、woundなどがありますが、それぞれに「被害を受けたくない」という気持ちと、自分が「加害者になってはいけない」という自制意識が含まれます。

今日のように調達が海外に延びると、私たちが日常生活で使う商品、食料やエネルギーでも、誰かを傷付けたり、犠牲にしていることがあり得ます。たとえ自覚していなくても、他人を苦しめていては、本当の意味で幸せな生活とは言えないでしょう。

人類は社会性を持ち、また向上心や競争によって弛（たゆ）まぬ進化を遂げてきました。私は競争を否定するものではありません。向上心や、ライバル同士の刺激を制限すれば、社会は活力を失ってしまいます。しかし、今までのような、量や規模ばかりを重視した競争は、見直されるべきでしょう。サステナブルな社会では、もっとスマートな競争、すなわち、商品やサービスの創出価値と用いる資源量を、必然的な相関関係と決め付けず、少ない資源で高品質な生活を維持できる商品やサービスの開発に専念すべきです。

no harmな社会は、高い倫理観と包摂性を前提とした社会です。異なる文化的背景や信仰を持つ人々にとって、受け入れるには時間を要するかもしれません。私は多くの国で生活し、出張で様々な街を訪れるうちに、それぞれが持つ違いに驚く一方で、共通する価値観や幸福感というものも肌で感じるようになりました。そうした人類共通の物心両面での豊かさとバランス、守るべき本当の価値を「no harm」という言葉に見いだし、その理念を皆さんと共有したいと思うのです。

まとめ

- 歴史の中で常に自分を主人公の一人としてとらえる。
- きれいごとでも諦めず、想いを形にできる社会へ

第7章

SDGsからno harmな世界へ

第1節●2040年からの提言 ―20年後に後悔しない行動を今！―

2040年の社会は、どんな社会なのか、序章で自分なりの予想を述べましたが、自分がどういう世界に暮らしたいかというビジョンに基づいて、今あるギャップをどう克服し、近づいていくかが重要だと考えています。

旧態依然としたルールや制度は見直し、新たなルールに置き換えるか、幅寄せしていくべきで、今から動き出せば間に合うものはたくさんあると思います。政治家や社会学者からの提案を待つのではなく、多くの人々が未来社会のグランドデザイン作りに参加していくことで、デザインに厚みを持たせることができると思います。

1　2040年シナリオの準備

ここでは冒頭に示した2040年未来予想について、もう少し肉付けしようと思います。先の話のようですが、時の経つのは速いので、実現する保証はありません。今から数年で実現できることもあるでしょうし、2100年までかかる困難な理想もあるかもしれません。

・ブロックチェーンを活用し、地球に誕生したすべての人々が世界市民として登録されます。これを元に最低生活資金（ベーシックインカム）が保障され、移民や国際里親制度が推進されます。

子どもは自分で出生地や家族を選べませんが、子どもたちの人生は育った環境によって大きく影響されてしまいます。現在は、国籍や家庭によって所得や教育アクセスに格差が大きすぎるため、生き延びるために学ぶ機会を諦めざるを得ない子どもも大勢いますし、貧しさから犯罪に巻き込まれる悲劇も後を絶ちません。

地球に生まれた以上、人間らしい最低限の生活は、人類全体で保証する必要があり、そのために国や企業の協力を得て国際的な支援の枠組みを作ります。投機目的のマネーに対する国際取引税なども、その財源の1つとします。

「地球市民権」は個体情報と紐付けてブロックチェーンで管理し、従来の国籍は付帯情報とします。一人ひとりの生きる権利と人格を尊重するデータインフラを構築し、個人の存在自体を認知し、これに教育機会や健康管理情報を付加していくスーパーヒューマンデータベースが誕生します。転籍（移民）の自由を尊重し、移民の審査基準を国際的に見直し、人口構成比に配慮した人数枠に応じて、国連が支援します。グローバル企業や資産家には強力なサポートを求めます。

米国の心理学者、A・マズローによれば、人間の欲求は生理的欲求、安全欲求、社会的欲求、承認欲求という段階を踏み、最後は自己実現を希求すると結んでいます。この考えで言えば、第2段階までは生まれた国にかかわらず、必ず保証されなくてはならず、第3と第4段階は基本的に個人の意思が尊重され、公平な機会提供を行う必要があります。最後の自己実現は、人の数だけ多様だと思いますので、個々の価値観に応じて自ら行うべきでしょう。

これが実現されれば、いずれ6つ目の欲求が芽生えると思います。それは社会に貢献したいという欲求です。すべての人間はDNAの中に、よいものを残し、さらによくしたいという希望が埋め込まれていると思います。これを実践する人が増えれば、素晴らしい未来になるはずです。

欧州で始まった壮大な実験「EU（欧州連合）」は、近年、英国が離脱したものの、地球市民権構想の参考モデルになります。マズローは１９７０年に62歳で急逝しましたが、晩年には「自己超越」という概念を著しており、それを構成する11の要件の中で「他者の不幸に罪悪感を抱く」という項目を掲げています。日本の武士道にも「惻隠の情」があり、他人の不幸や失敗に対し、相手の立場を思いやり、悲しみや心の痛みを和らげたいという気持ちを指しています。まずはすべての人々が衣食住に困らない社会を実現し、高等教育へのアクセスを保障し、慈愛を実感できる社会にしたいものです。

世界市民全体で最低生活費を保障する「ベーシックインカム」の財源として、グローバル企業からは目的税として微収する「地球納税」を創設します。ふるさと納税の国際版です。ＡＩやＩｏＴを駆使し、現在よりも遥かに優れたオペレーションで、資金管理や適性配分を公正に行えるようにします。

・企業の価値を測る指標が多元化し、財務情報同様に意味を持つようになります。またマイナス面を考慮し、公正な評価で投資家や消費者、学生が企業を選びます。

企業の評価は、事業活動の表と裏を精査して下されるようになります。慈善事業を行う一方で、兵器や違法薬物を作っているのは、偽善者であり、非倫理性は国際社会を蝕む悪性腫瘍です。事業活動で生じてしまう負荷を可視化し、認知させます。プラス面とマイナス面の将来的な社会インパクトをあぶり出す仕組みを作り、長期的な企業価値で投資や購買の判断に生かします。都合が悪ければ臭いものには蓋をする社会のまま、犠牲になっている他人を「見て見ぬ振り」し続けることは、共同正犯に等しいからです。

現在の企業の評価やランキングには売上、利益、資本金、従業員数などの比較可能な数値が多いものの、同じく重要な非財務情報の記載はあまり見られません。財務情報は人間でいえば左脳で測る論理情報ですが、右脳で読み解く情報、例えば経営者の人格やリーダーシップ、社員の士気、開発にかける情熱などは、可視化が難しい領域でした。この先は資源循環率や、ダイバーシティ、人材開発力などが加わるだけでなく、経営トップとマネジメントの学習意欲やリスク感知力などの評価手法も進化するでしょう。右脳の世界に注目が集まり、一時の状態を示す数値以上に評価される時代です。

・炭素税などの目的税化が進む中、財政支出の世代間格差是正に向かいます。医療サービスの内容や資産に応じて高齢者の負担率が変動。公平と平等の違いを明確にします。

お金の使い方は、国家予算であれ、企業財務であれ、家計であれ、その社会の考え方を示す重要なバロメーターです。日本が今後、どのような国を目指すのかを決めれば、そちらに予算を傾斜配分せざるを得なくなります。今後の高齢者福祉は物理的な年齢で一律に扱うのではなく、その健康状態や保有資産に応じた負担を求めるようになります。人間は生きている限り、何らかの形で社会参加し、役に立つことが求められ、受けてきた恩恵が次の世代にも着実に提供できるよう、いっそうの貢献を求められて然るべきです。

・際限なく細分化が進み、相関関係が見失われがちな知の世界で、ＡＩを活用した「アカデミック司書」が解析し人間を支援します。

学問の発展は果てしない細分化と専門領域の深化を呼びますが、知識体系の全体像を俯瞰し、それぞれの関連性を整理し、必要な学術資源を選び出し、あるいは組み合わせ、提供するのは人間にとって不可能に近い作業になりつつあります。広大で深遠な知のユニバースを管理する能力がなければ、科学技術を効率よく社会に役立てることは困難です。

街の総合病院では、診療科の数は40近くに分かれ、外科医療だけでも12の専門分野に分かれています。それぞれの専門医はその領域のエキスパートに違いありませんが、受診する側の立場で考えれば、家族の既往歴や精神面を含めた心身の全容を「俯瞰診察」し、病歴や薬歴のみならず、アレルギーやストレスも考慮した上で、治療をしてくれる医師がいないと信頼しづらいものです。何人もの専門医を紹介され医療不信を招いては、負の循環を生むだけです。

医療以外の分野でもこの傾向は高まる一方です。２０４０年にはもっと「学際的な研究」を推進し、各分野の関連性を追求する「アカデミックコンシェルジュ」のような職業が生まれ、ＡＩなどを駆使して研究を支援する社会になるでしょう。

企業のサステナビリティ担当者もこれと同様に、企業理念の理解と浸透に始まり、調達から生産、人事、財務、営業、顧客満足度のモニタリング、資源循環や廃棄までのバリューチェーン全体を俯瞰し、会社全体として持続可能性を向上する責任を担うようになります。社外のステークホルダーとも活発な交流ができるサステナビリティ・オフィサーは今後早急に育成していくべき職種になるでしょう。

2　公共交通による移動はすべて無料化

カーボンニュートラル社会の実現まであと10年と迫った2040年は、再生エネルギーによる公共交通機関の利用率を上げてカーボン収支を好転させるべく、運賃無償化に移行します。化石燃料による発電や交通には、排気量に応じて逓増する炭素税が徴収されます。個人レベルであっても多くの製品に炭素排出量が明記されれば、自分の暮らし方の排出レベルを意識せざるを得なくなるでしょう。

国土交通省の調査では、日本を走る自動車の平均乗車人数は1・3人。日本人の平均体重を70kgとすれば、手荷物を足しても100Kg未満の移動のために、700～2000kgの金属の塊を動かしていることになります。その燃料は1万2000kmも離れた中近東から、これまた多くのCO2を放出しながら輸入しているのです。2040年を待たずとも、いかにそれが不自然な経済活動かは自明です。

また、無料公共交通の経済効果は東京都のシルバーパスでも実証済みです。1973年に美濃部都政によって実現したこの制度は、高齢者の健康増進、ひいては医療費節減効果も顕著ですし、高齢者の消費を促し、経済の活性化にも寄与しています。海外では2013年にエストニアの首都タリンで全市民に運賃無償化が始まりました。観光客の多いオーストラリアのメルボルンでは週末限定で実施されています。欧州の都市国家ルクセンブルグでも2020年から無償化に踏み切り、CO_2削減と都市部の混雑緩和の切り札となっています。個人車両の交通量を減らし、電車やバスへのアクセスを改善し、街には自転車専用レーンの増設、リモートワークの普及拡大など、柔軟で健康的な働き方改革も推進しやすくなります。

シェアオフィスも普及し、都市部や駅周辺のオフィススペースの半分以上を占めるでしょう。もはや会社ごとに業務スペースを「占有」したり「所有」する必要はなく、企業規模と占有床面積のデカップリング（切り離し、相関性がなくなること）が進みます。公共交通の無償化は、社会全体で見れば、運賃収入の減少分をオフセットして余りある、健康と経済活性化をもたらしてくれるのです。

・地上を走る車はすでに80％がカーボン・フリーで駆動します。高精度のGPS、高感度センサー、自動運転技術の進化により保険や蓄電インフラも進化し、事故の発生率が現在の

2%まで下がります。車体はリサイクル素材で作られ、自動車の重さも半減。更なる省エネ・省資源・資源循環、そして安全運行が実現します。

気温上昇は少なくとも2050年までは止まらないでしょう。気象災害の激甚化や、安全な生活空間の維持ができなくなり、「環境難民」が数億人規模で発生する可能性があります。脱炭素社会をいかに前倒しして実現できるかが、SDGsの取り組みにおいて最も重要となります。大気中の炭素蓄積に関わった企業は、しだいに批判の的となります。

新技術とIoTにより、革命的な「パーソナル・モビリティ」が誕生します。それは運転しない、衝突しない、移動ログがクラウドに残る、自走兼発電、乗車人数に応じた分離や合体が可能となるなど、まったく新しい乗り物になります。衝突事故がほぼゼロになり、損害保険や車の素材も大きく変わります。軽くて加工しやすく、劣化しにくくリサイクルしやすい素材が開発され、資源循環は開発設計段階から織り込み済みです。

すべての車体に最適な発電システムが搭載され、全個体電池の容量や充電速度も大幅に改善されています。車は動く発電所兼蓄電装置になります。世界中にEVが普及するには2060年くらいでしょう。バッテリーの生産規模や充電ステーションの普及にも関門はありますし、寒冷地や砂漠でのインフラ整備も容易ではないからです。産業用車両のEV化は中型トラックですでに始まっていますが、建設用重機や農機、大型トレーラーなども順次、EV、

ＦＣＶ（燃料電池自動車）、水素駆動車に進化します。

・「公益資産バンク」が整備・拡充され、知財による寄付や、ボランティアの知見が集積されます。

企業では、他社に知られては困る企業秘密が必ずあります。新技術の開発やデザイン、人事情報や流通との取引条件などもこれにあたるでしょう。

私たちが目指す社会では秘匿すべき「競争情報」と、共有すべき「共創情報」を分けて考える必要があります。私自身もいくつかの現地法人を経営する中で、情報の大半は社員に共有したり、公開することで新たな価値を生むと実感しました。

情報は可視化し共有することで、社員の危機意識や自発的な行動を促し、ダメージを最小限に留めることができます。また社外からも多くの知見が寄せられます。ビジネスの中では、自分だけが情報を占有することで優位に立とうとする人もいますが、そういう利己的な人には周囲が付いてこないものです。

私たちが持続可能な暮らしを実現できるまでは、有益な公益情報バンクを利用し、市場そのものが崩壊する前に踏み留まることが先です。こうした知財プラットフォームへの貢献を促すために、優遇税制や、共同研究への資金助成をするなども大切です。社会をよくしようと努力し貢献する企業ほど報われる社会になれば、それ自体が新たな価値を生みだし、ブランドの差別化に繋がります。

・自分で学びを企画する「トビタテ！留学JAPAN」が世界に導入され、スポンサーが多様化します。リカレント教育が普及し、大きなビジネスに成長します。

学びのスタイルは、人の数だけ多様であると言っても過言ではありません。学びは本来、知ることの喜びを感じ、自らが求めるものです。画一的な教育コンテンツを、決められた期間内にどれだけ多く正確に記憶できるかという教育システムは、すでに原型を留めていないでしょう。

ある事象に対して、何を感じ、分析し、評価し、どんな行動を起こすかという認知能力や、倫理観、行動力やリーダーシップが重視されます。理解度の個人差を容認することで、無意味な競争や焦りを取り除くことはできます。また、愛情の裏付けがあれば、節度ある叱咤激励は複数の教員の監視下では容認され、成長の機会を与えます。辛くなってしまった時には、さっと居場所を変える。そういう別の空間を準備しておくことも大切です。

文部科学省と企業スポンサーが共同開発し、日本の若者の自主海外留学を支援する「トビタテ！留学ＪＡＰＡＮ」は秀逸です。２０１３年の秋に創設され、大企業のみならず、業界団体や、外資系企業、進学塾など多数が支援しています。個々の若者の夢に柔軟に対応できるプロジェクトで、応募する若者は海外で学ぶ目的やプロジェクト構想を説明し、受け入れ先も自分で交渉して確保します。社会にどう還元したいかをプレゼンテーションし、審査を経て一部が承認されます。

支援費用はプロジェクトの企画内容に応じて変わりますが、４００万円もの資金を勝ち取る猛者もいるそうです。留学先での進捗には定期的な確認が入るという厳しいものですが、こうしたプログラムの修了生ネットワークは生涯の財産となります。

このような自主企画型の留学は、学びの本質を突いていると言えるでしょう。こうしたプログラムが世界各国で普及していくと思います。また働き方改革が進み、働きながら学ぶ、あるいはサバティカル休暇といって長期休暇を取って学び直すことも多くの社会人が実現するでしょう。「リカレント教育」は「生涯教育」と呼ばれ、いつでも柔軟に学ぶ機会が溢れています。自分の関心事を中心に、仕事に役立つ学びは、どんどん知識が身に付くものです。学生として漠然と将来に備えているときは息苦しく感じた学問が、自らの成長ホルモンへと変わります。

２０４０年には、リカレント教育が全教育事業の半分以上を占めているでしょう。教授陣も古い講義ノートには頼れない時代になります。リカレント教育の受講生が、自ら教壇に立つのも有益です。教えることは、自分の仕事を振り返り、どう伝えるかを意識することにもなるのです。学びと教えは表裏一体です。ＳＤＧｓの目標17ではそうした連携や協働が役に立つのです。

・自分自身の終末期の医療や資産処分をデザインでき、自分らしさと尊厳を最後まで大切にできます。

人生の価値は、何年生きたかではなく、どう生きたかにかかっていると思います。不幸にして健康を損なった場合、寿命が尽きるまでの期間をどう過ごしたいか、医療や終末期についての選択肢が今よりもずっと多くなり自主的に選べるようになります。高齢期のＱＯＬと終末スタイルを選べる時代になるでしょう。そのためには正しい予防医学の普及と、漢方薬や適度な運動を併用した全身管理を心がけ、免疫力を維持するサービスが前提となるでしょう。選択の自由なく生まれてくる私たちですが、終末期は価値観に合った選択肢を持つべきです。生命を疎かに扱うことなく、権利を損なうことがないよう、細心の注意や配慮が必要なのは言うまでもありません。

日本でも救命救急の現場では、欧米のようにＤＮＲ（蘇生術拒否）を表示し、脳死の場合は臓器提供を事前に申し出る人が増えてきています。今後は介護のレベルに応じた個別のヒアリングや、認知機能が残っているうちの意思確認が必要でしょう。懸命に生き、最後は桜のように散る。私個人としてはこれが理想の終末期です。

・新資源と再生資源の市場が逆転し、蓄積された人工物のリサイクルが大きな産業となります。

日本のごみの排出量は、2000年頃を境に3R（減らす・使い捨てにしない・資源として再利用する）の啓発運動や、リサイクル運動の影響で、少しずつ減ってきました。国民一人当たりの一般ごみの排出量では196の国と地域の中で30位くらいにランクされています。一方で「都市ごみ」の排出量では米・独に次いで世界3位、「プラスチックごみ」でも廃棄量では世界5位ですので、ごみを巡る問題においてはさらなる工夫や取り組みが必要です。

大量に資源を消費して幸せを感じる時代は終わり、物欲以外の価値観で置き換えられることが期待されます。再生資源の市場が拡大し、その技術がビジネス機会を増やしていきます。バージン素材を使えるのは、再生素材にはできない用途に限定される時代になっています。地中から掘り起こさずとも、街中にある資源を活かすのが新しい経済を生む近道です。

・商品企画や設計の段階からリサイクル時の効率や再利用価値に注目します。

省資源化と資源再生の競争が進行し、企業の価値にも大きく影響を及ぼすようになっています。企業の価値を簡素な式で表せば、「創出価値 ― 消費資源＝社会的企業価値」となります。左辺の値が大きければ大きいほど持続可能性が高くなります。これには、商品企画のコンセプトや設計段階からの材料の選択が決定的な影響を与えます。外部のリサイクル業者に任せきりだった領域が、業界全体で開発を担う領域に変化します。メーカーの企画・設計担当者のサステナビリティ意識が低いと企業は急速に市場競争力を失っていくでしょう。サステナビリティには経営トップ自らが取り組まなくてはならない理由はそこにあります。サステナビリティ推進室を作って責任者に一任しても、開発や設計、商品企画や調達部門を動かせなければ、企業のサステナビリティは向上しないのです。

・家庭ごみが有料化され、過剰包装や使い捨ての包装材などは消費者から忌避されます。

私たちの一般ごみの回収は、２０４０年を待たずして有料となります。従量制課金によってコストが見えてくれば、家庭ごみの量は大きく減るでしょう。成熟した社会にあっても「引き金」はお金であり、有料化は最も早い行動変容をもたらします。最終廃棄物はメーカーが処理費用を持つことで、その量を減らすべくバリューチェーン全体で取り組むようになります。これが「拡大生産者責任」です。一般ごみは従量制課金に伴い、多くのR（Redesign 設計変更、Refuse 拒否、Reduce 削減、Reuse 再利用、Refurbish 新装設備、Repair 修繕、Resale 再販売、Recycle 資源循環）が新たなビジネスチャンスを生むようになります。

・企業では優秀な社員がCSO（最高持続化責任者　Chief Sustainability Officer）を目指します。

２０４０年までには内閣の主要閣僚の一人として、サステナビリティ省の大臣が重要な役割を果たしているでしょう。経済も財政も健康も開発も、すべてサステナビリティに関与するので、将来の総理大臣候補になるような優秀で若い政治家が任命されます。

企業の役員会にはチーフサステナビリティオフィサー（ＣＳＯ）が上座を占め、事業のバリューチェーン全体を俯瞰し、社長を補佐して指揮を執ります。大企業のバリューチェーンに連なるには、関連する中堅・中小企業もサステナビリティ向上が求められ、その動きは世界共通になります。ＣＳＯはグループ会社などで自ら経営責任を経験したマネジメントから選出され、社内外のさまざまなステークホルダーの理解と協力を取り付けて重責を担います。当初は自社のサステナビリティに専念しますが、やがて業界や地域、さらには国際社会のサステナビリティに向け活躍の場が広がっていきます。

サステナブル人材は、業界や国境に縛られず、柔軟に転職が可能な職種になるでしょう。さまざまな業界や役所でサステナブル人材が還流していくことが、リテラシー向上に寄与するからです。いつの時代にも、最も困難とされる領域に、「時代の要請」によって逸材が集まってきます。

・実需通貨と投機通貨が分離され、新設される「地球納税」と「未来税」の財源の1つになります。

「ふるさと納税」構想をグローバルに広げ、地球全体の自然環境や社会整備を担う「地球納税」ができます。特にグローバル市場で売上利益を上げている企業はどこのプロジェクトにどれだけ支援しているかも公開され、企業評価の対象になります。

「未来税」は次世代に負荷をかける事業が完全にはなくせない中で、その費用としての積み立てをします。問題の先送りを許さない厳しい対応が始まります。かなりの税負担増になると心配されますが、「社会共益減税」などと組み合わせて公平な分担に収斂させます。人々が安心して暮らせ、無益な破壊行為がない社会では、自社の利益の多寡だけでは社員や投資家を魅了できません。納税規模や納税先も企業評価の大切な評価指標の1つとされます。

以前から議論されてきた「トービン税」を見直し、「国際通貨取引税」が法制化されるでしょう。人類の幸福に繋がる事業には実需通貨を割り当て、お金に産業の血液の機能を担わせます。一方でマネーゲームと言われる通貨取引市場や投機的市場には「通貨取引等投資税」を課すことでマネーのいたずらな膨張を防ぎます。

金融工学を悪用し、社会の安定を脅かすようなマネー市場には、無秩序な投資を監視し、社会に対する負の影響を是正するコストを負担させる仕組みが必要になります。

・軍需産業、武器製造や取り引きが国際法で禁止され、治安維持に限定した制圧装備のみ存続します。

ロシアのウクライナ侵攻の残忍さには恐怖を感じますが、巨大な兵器産業を根絶するには2040年以降も長い時間を要するでしょう。治安維持に限定した制圧用具以外は国際法で製造、保持、売買、使用を禁止し、兵器産業全体を段階的に縮小し、廃業に向かわせなければ人類の不幸は止まりません。

せっかく作られた社会インフラを破壊し、怒りと恨みの連鎖を生むような産業は、市場から駆除する方向で国際合意を形成します。自然の摂理に反することにはＮＯを突き付けることで、「弁明や抵抗」が徐々に封じ込められていきます。

日本は唯一の被爆国でありながら、２０２１年1月に発効した国連の「核兵器禁止条約」には参加しないという立場を取りました。外交戦略がどうであれ、私にはとうてい納得できない米国追従の判断です。「あなたはどこの国の総理大臣ですか?」被爆者の代表が安倍元総理に突き付けたこの問いは、私たちも重く受け止めるべき言葉です。

核保有国は、国際法違反と断罪されることには抵抗を示します、核兵器拡散防止条約で新たな保有国を認めないという合意も有効ではあります。核の抑止力を間接的に利用してきた日本が逡巡するのは理解できますが、腰の引けた危機放置策との批判は免れません。核の抑止力を必要としない社会に向けて被爆国が声を上げることは正当だと思います。

それにしても、多くの先進国が、表面的にはテロや紛争を非難しつつ、水面下で武器の製造や輸出を続けているのは背信行為です。死傷者が出ることを知りながら、武器ビジネスを継続している企業には、ＥＳＧ投資の観点からも撤退を強く求めていきます。

どんな信仰を持つにせよ、あるいは無神論者でも、人を殺すビジネスで家族を養うことは私には理解できません。見ず知らずの人々の人生を台無しにする事業になぜ手を染めることができるのか。またそこから得たお金でどうやって家族の幸せや安全を願うのか。人としての倫理観に合致した行動を求めたいと思います。

警察装備も、暴力行為を制圧することに目的を絞り、銃規制を維持すれば、死傷者を減らしながら治安を維持することは十分可能でしょう。行政による法規制、金融界の投資・融資規制、メディアやＮＧＯによる監視を強化することで、２０４０年には不幸の連鎖を生む産業をなくさなければなりません。

人間は有史以来、生産活動を行う一方で、常に破壊行為を行ってきました。非生産的な行為をなくすことができたら、貧困や飢餓など、どれほど多くの問題が解決されるか計りしれません。「軍事技術から転用された有益な技術も多い」などと軍産複合体の詭弁を正当化するような議論は無意味です。会津藩の言葉にあるように「ならぬものはならぬ」のです。解決しなくてはならない問題は山ほどあり、戦争などしている暇はありません。

3　2040年に生まれている新しい仕事

今から20年ほど前、猛烈なスピードでブロードバンドネットワークが普及する中、さまざまな未来予想が語られ、その多くが現実のものとなりました。私もソニー勤務時代は「一人が何種類ものモバイル端末を使うマルチスクリーン時代」や「ネットワークにつながる端末を多く押さえた企業が勝つ」というゲートウェイ戦略に魅了されました。

当時はEコマース創成期で「営業マンが商談をする時代は終わる」という予言もありましたが、私はさほど危機意識を持ちませんでした。それは売買という人間活動の基本においては、取り引きの選択肢が増えるだけで、「売れるものを作り、適正価格で提供する」という生業は変わらないと信じていたからです。多くの商材がEコマースで流通する時代にはなりましたが、営業不要論は沈静化したようです。

2040年には、今の仕事の多くがAIに奪われるという懸念もありますが、AIにない能力を伸ばせばよいだけだと感じます。それはいったいどんな仕事でしょうか。

「AIに愛はない」。ジョークのようですが、少なくとも当面の間は真実でしょう。AIが人間と同等の思慮や情念を持つのはまだしばらく先の話です。AIは共生すべき素晴らしい技術であり、パートナーとして双方の得意分野を活かし、補完し合う関係になるでしょう。

データのパターン認識や解析はＡＩに任せ、俯瞰と閃き、愛情や尊敬をもって接する職業、他人へのアドバイスなども人間らしさを活かせる仕事です。社会の成長をバランスよく先導する感性や倫理観もＡＩには代替しにくい領域です。医療も高度なＡＩ技術を利用して発展する分野の１つですが、人間の不安や本音などは、生身の人間が持つ観察力や推察が欠かせません。

ＡＩ、ＩｏＴ、６Ｇや６次産業化によって社会の制度やビジネスが大きく変貌を遂げるのは疑う余地がありません。しかし私たちが生き物としての基本に立ち返ったとき、そこに求められるのは、創造力や倫理観、思いやりなど、人間本来の資質に落ち着きそうです。

まとめ

・20年後に後悔しないために、希望的観測でもシナリオを描く。
・２０４０年から自分たちに提言をする。

第2節●「流汗悟道」梅下村塾の梅津塾長の教え

人生には、自分の価値観に大きな影響を与えてくれる人との出会いが、必ず何回かあると思います。私もざっと書き出してみたところ、30人くらいの恩師や先輩、上司や後輩などが頭に浮かびました。自分がいかに、多くの方々に導かれ、持続可能に「生かされてきたか」を実感します。

最後の赴任地のブラジルに異動する前の2007年に「フォーラム21　梅下村塾」という大変ユニークな異業種勉強会に参加する機会を頂きました。相互啓発の勉強会には、青年会議所、ロータリークラブなど、さまざまなイニシアチブがありますが、「フォーラム21」は官僚と民間企業のマネジメントの合同勉強会です。

各界を代表する30近い企業から部長クラスが選ばれ、中央省庁の課長クラスを併せ、約40名が一年間かけて日本の進むべき道を議論します。毎週欠かさず集まり、日本が直面する課題を整理し、将来に向けた戦略を徹底討論して提言にまとめるという活動です。本業と並行しての活動なので、準備に忙殺され、深夜帰宅が日常となり、まるで修行僧のような1年間でした。経営ノウハウを学ぶ研修ではなく、自ら日本の課題と思う現場を訪問し、当事者たちの生の声を聞いて考えます。これは、日本電信電話公社（現在のＮＴＴ）の元幹部だった梅津昇一氏が発起人となり、財界の有力者の支援を得て１９８７年に創立され、現在は36期生へとバトンが渡されています。

私たちは21期にあたり、提言を一冊の書籍にまとめ、『拝啓総理大臣殿』という仰々しいタイトルで東洋経済新報社から上梓しました。この活動を機に、私は国連やＮＧＯなどの公益事業に関心を持つようになっていたので、ＷＷＦから就任要請を受けたときは格別な縁を感じました。

創立者の梅津昇一塾長は２０２１年1月に97歳でご逝去されました。すでに１０００名を超える塾生を育て、各界に送り出してきた行動力には頭が下がります。ＳＤＧｓに取り組むうち、梅津塾長の教えにも共通する理念があることに気付きました。

1　誰も取り残さない。多様性を力に

フォーラム21の活動は欠席不可で、海外出張の帰途に成田空港から会議に駆けつけ、時差と戦いながら議論することもしばしばでした。座禅合宿や陸上自衛隊合宿研修では運命共同体意識を育み、誰ひとり脱落者を出さないことの意義を指導されるのです。

霞が関の官僚とチームを組み、多様な意見を戦わせて提言をまとめるうちに、官民分け隔てなく、利害を超越して話し合える関係がたった1年で醸成されるのです。梅津塾長は日本の縦割り社会の弊害を以前から憂慮し、私財を投じて研修を持続した慧眼にはただ敬服するばかりです。

2　日本の社会規範

梅下村塾には、「塾是」があります。行動規範に相当する信条とも言えます。

流汗悟道：労を惜しまず、汗を流すこと

実践躬行：机上の論に留めず、現実の場で実践すること

高志垂範：高い志をもってリーダーシップを発揮すること
超我奉公：公の視点を忘れず、貢献すること
交友知愛：心豊かな創発的人間関係を深めていくこと

大変なことでも、臆さずに自分からやってみるという姿勢が基本です。もし「実践躬行」の4文字が無ければ、私はソニーを辞めて環境NGOに転職することはなかったと思います。梅津塾長は行動で模範を示す師でした。塾生一人ひとりに大きな「愛」を持ち、魂と魂がぶつかる道場です。人を育てることにこれほどの情熱と愛情を注ぎ切った人から薫陶を受けることができたのは、大変幸福なことでした。

まとめ

・誰一人、脱落者のいない世界に。
・流汗悟道。労を惜しまず、汗を流す。

第3節●SDGsの応用
―自分のサステナブルなゴールを考える―

ＳＤＧｓを教養と捉えるのも、自ら取り組むのも、経営に実装するのも自由です。自分自身の価値観を再認識し、自分なりのサステナビリティ・ゴールをゼロベースで作っても構いません。

①**自分の目標**：何が本質で重要なのか、書き出すと考えをまとめやすいでしょう。「家族の絆」「心身の健康」「思い出への投資」「生涯の学び」「街を暮らしやすく」「生き物を大切に」など、何でも構いません。

②**ギャップ分析**：重要事項に対して、目標との隔たりがあるはずです。いつまでに、どう取り組むか書き出してみます。関連しそうな人々に声をかけ、仲間と連携して取り組みます。

③共通の価値を考える：同じような問題意識を持っていても、自分からは話さない人が大半です。「あなたは意識高いね」と茶化されるかもしれません。しかし、今の社会には、漠然とした不安（Precarity）を感じる人が溢れています。将来の社会ビジョンとまではいかなくても、自分の大切な思い出や、幸福を感じる瞬間など、少しずつ話して本音で語り合える仲間を増やして頂ければと思います。

まとめ

・自分にとってSDGsとは何かを改めて考えてみる。
・その行きつくゴールを見つける。

第４節●ノハムという生き方

１　ＳＤＧｓの目標年が２０４０年に延長される可能性

コロナ禍でＳＤＧｓの開発目標の一部が停滞していましたが、世界中で取り組みが復活し、前進しているのは心強い限りです。企業によってはＣＳＲ活動を当面停止し、利益回復を待って再開しようというところもありますが、パンデミックで社会の課題がより鮮明になったことで、以前にもまして取り組みを強化し、持続可能な社会に変えていくべきだという経営者が増えたのは、まさに人類の英知と勇気の証だと感じます。ＳＤＧｓの目標年（２０３０年）を10年先延ばしにすべきという議論もありましたが、大きな壁に阻まれたときにこそ、傑出したリーダーが登場するはずです。創意工夫と勇気を持って前進すべきと思います。

2　ポストＳＤＧｓビジョン

中堅・中小企業にとっては、人や資金も限られる中、ＳＤＧｓに投資してどんな効果があるのか分らないままでは進めないのが本音だと思います。大企業がバリューチェーンを見直し、取引先を選別し始めるとき、自社の取り組み成果と共に、２０４０年、２０５０年に向かってどんな社会を作っていきたいのか、その中で自社はどう貢献するつもりかを語ることは重要です。サステナビリティは誰かのために考えるのではなく、自分が新しい社会作りに参加するか傍観者に留まるかの選択肢です。規模の大小ではなく、経営者や社員の気持ち次第なのです。

3　本質は何か？

ＳＤＧｓの細かな目標の学習とは別に、何が本質なのかを常に考える必要があります。

仏教には因果応報や、輪廻転生という考えがあり、善行や悪行は、相応の結果をもたらすと考えています。一方でそれは「認知バイアス」に過ぎず、将来の出来事は、現在とはまったく無関係にやって来るという「予定説」があります。

「公正世界仮説」は、善い行いをする人には、健やかな未来が訪れる。誰かを苦しめて生きている人には罰が下される（べきだ）とか、殺人者は地獄に落ちるなどという考えです。現実の世界では高名な僧侶が不慮の事故に遭ったり、大きな功績を遺した人が難病に倒れたりするので、「予定説」が幅を利かせるのも理解できます。科学的には行動と結果の因果関係は証明できないでしょう。

しかし、自分の考え方や行動は、それに近い人々との出会いをもたらすことが多いのも事実です。似た者同士が集うのはある意味で理に適っていると思います。

実はＳＤＧｓの本質もそこにあります。1つの問題について多様な関係者が同じテーブルを囲み、異なる立場から建設的に論じ合うことで、解決へのヒントが見えてきますが、同時に同じ志を持つ人が集まって声をかけてくるのです。そうした出会いから新たなビジネスチャンスを生むことで、ＳＤＧｓ経営への入り口が大きく開くのです。

広く社会の問題に目を向け、従来の枠組みを超えて皆で解決を目指すこと、そしてこれからの社会が本当に必要とする事業とは何かを考え、そこに軸足を移していく。これがＳＤＧｓ経営の本質です。

4　他を犠牲にしない生き方

私たちは、ものに囲まれて豊かさを実感してきました。しかし物質的に豊かになることで、心の安らぎや満足を得られるかと言えば必ずしもそうではなく、むしろ、ものへの所有欲に支配され、心を乱されている人の方が多いのではないでしょうか。

「足るを知る」とは、老子の「知足者富」が由来ですが、自分で欲望をコントロールできる人は、得られるもので心を満たし、幸福を感じられるということです。逆に欲望を制御できないと、所有欲が無限に膨らみ、欲望の奴隷として生涯苦しむことにもなりかねません。物欲もギャンブル依存症や、薬物依存症に類する疾病の1つと言えるでしょう。

自分が本当に必要なモノを吟味して買い、大切に使いきる「もったいない文化」という日本人の遺伝子を活性化させたいものです。

5　世代間格差をなくす

私たちは子育ての中で、常に子どもの健康や教育を重視してきました。家庭によっては公立学校の2倍以上の費用をかけて私立の学校に通わせるところもあります。それは子どもたちにより多くの選択肢を与えるためです。

そうして大切に育てた子どもたち、そして22世紀を生きるであろう孫たちに、私たちはいったいどんな社会を残そうとしているのでしょうか。危険な核廃棄物の処理や、いつ破綻してもおかしくない国家財政のツケを、自分たちの子孫に押し付けて死ねるでしょうか。

戦争で焦土と化したわが国を引き継ぎ、復興を果たした世代が、徐々に人生の終焉を迎えています。戦後に生まれ育った私たちは、平和と経済成長の中で豊かな時間を過ごすことができました。恵まれた世代の私たちが、将来世代に負の遺産を押し付けることは許されないのではないでしょうか。

将来に向けて「harm（害悪）」を1つでも多く取り除いていく、新しいharmは生まない。これは今を生きている私たちの最低限のマナーです。子どもたちの門出を祝いながら、泥船に乗せて送り出すような無責任な行動は、決して取りたくありません。

まとめ

・ＳＤＧｓのその先にも世界は続いている。
・だからこそ、２０４０年までにやらなければならないことがある。

第5節●日本ノハム協会の使命

日本ノハム協会は、自然界の秩序を守りながら、「環境・社会・経済」の3つが調和したサステナブルな世界を、企業から個人へ、そしてより多くのステークホルダーに波及させる役割を担っています。2030年までに誰一人取り残さず、安心して暮らせる持続可能な社会の実現に向けて取り組んでいきます。

1　持続可能なアジア太平洋の実現

2050年前後に世界人口はピークに達すると予測されていました。10年前は、92・5億人でピークアウトし、そこからは徐々に減って、世界全体が少子高齢化に向かうとの予測が支配的でした。しかし今では97億人に達し、その後も増え続け、2100年には109億人にまで増加するという説も出てきています。

2050年に最も多くの人口を擁する地域は、私たちが暮らす「アジア太平洋地域」です。中国とインド、さらには成長著しい東南アジアの国々を含むこの地域は、人口増加のみならず、購買意欲が飛躍的に高まる中間所得層が最も大きく伸びる地域でもあります。もしアジア太平洋地域を持続可能なライフスタイルに移行させることができなければ、持続可能な世界への変容は絶望的になってしまいます。

この地域の中で、日本は早くから物の豊かさを実現してきた国です。アジアでは日本への憧れも強く、私たちはこの地域でリーダーシップを発揮すべき使命を授かっていると言えるでしょう。「課題先進国」と呼ばれる日本が、まず初めに持続可能な社会を実現し、新しいライフスタイルを示すべきなのです。

持続可能なアジア太平洋への変容は、企業にとっては、またとないチャンスでもあります。資源効率を高め、食品ロスなどの無駄をなくすノウハウを開発し、心とものの豊かさの理想的なバランスを、50億人の生活者に提案する機会が巡ってくるからです。

2　誰も取り残さないというコミットメント

アジア太平洋地域は、文化、言語、宗教、民族、経済体制など、どれをとっても世界で最も多様性に富んだ地域と言えます。それは、正直なところ最もまとまりにくい地域とも言えます。欧州主導で作られる国際ルールが、そのままこの地域に適合するとは考えられず、アメリカの覇権主義に対する警戒感も、薄れることはないでしょう。共産党一党支配の専制国家・中国は何をか言わんやです。

サステナビリティという共通の目標のもと、この地域全体の成長を実現しようというチャレンジには多くの賛同者が必要になります。日本が戦後掲げてきた平和外交の信念に則り、アジア太平洋地域に最も適した、サステナビリティを構築し実現しなければなりません。

3　企業ネットワークのＨＵＢ

日本ノハム協会は、ＣＳＲ部やサステナビリティ推進室を持たない中堅・中小企業でも、サステナビリティで大企業に劣後しないよう、またサステナブルなバリューチェーンから排除されることのないよう、リスク回避と機会獲得に向け、低コストで経営をサポートするために創立されました。現在は一般社団法人ですが、いずれ公益法人としての登録を目指しています。企業から得た信頼を糧に、活動を拡げていこうと思います。そのためにも多くの企業や団体と交流し、どういう経営支援が有効かを研究し続けています。

是々非々で経営サポートを行うので、企業の耳に心地よいことばかりをお伝えできるわけではありません。経営者自身が本気でサステナビリティに取り組む覚悟があるか、サプライチェーン上の問題に正面から向き合う覚悟はあるか、対話は遠慮なく本質を突いて行います。

その中で感じるのは、ほとんどの企業経営者が大変真面目で、真剣に将来を考え、社会に貢献しようと取り組んでいることです。まさに日本人の勤勉さと誠実さを再認識する思いです。そういう企業にこそ、時代の大きな変化の中でも着実に業績を伸ばし、看板に磨きをかけて頂きたいと思います。

今後は、海外にもノハム協会の設立を検討していきます。世界の成長をけん引するアジア太平洋地域は、政治、文化、産業構造などさまざまな面で実に多様です。この地域でそれぞれの国の実情に配慮し、サステナブルな暮らしを実現することが、日本ノハム協会の中期的な使命でもあります。

ひとつのハブ（ＨＵＢ）から多くのスポークを伸ばして大きなリムに広げていくこと。それは今は夢ですが、決して実現困難とは考えていません。「地球の上にノハム協会がある」これが、no harm な社会を目指す私たちの信念です。

まとめ

・持続可能なアジア太平洋の実現は世界を変える鍵。
・誰も取り残さない世界を作る。
・企業ネットワークのＨＵＢになる。

第6節 山頂のホテルの未来

本書の冒頭の設問に戻りましょう。山頂付近の美しいホテルをどう経営するかという問いでした。私たちが考えるべきは、客室の設計変更でしょうか。食事の見直しでしょうか。宿泊料の値上げで、需給バランスを調整することでしょうか。

私たちはこのような課題に日々向き合い、試行錯誤しながら持続可能な道を探しています。時には失敗し、ある時は奇跡的な打開策を見つけましたが、私たちは今、本当の幸せとは何かを考えながら次世代にバトンを渡そうとしているのです。

そろそろホテルのビジネスモデルを見直す時期かもしれません。宿泊者や滞在日数の制限もよいでしょうし、肉料理から野菜や豆類のメニュー開発も必要になってきます。経営理念に立ち返り、時代の要請に応えて価値を提供し続ける必要があります。

山の上のホテルが人々に愛されて続け、存続することが重要です。100点満点の答えはないかもしれませんが、自分たちは何のために存在し、何を顧客に提供すべきか、そこに集中すれば答えが導き出されます。

私は長い間、家族と共に海外で暮らしていく中で、何度も「日本人の役割と貢献」について考えてきました。S・ハンティントンの著書『文明の衝突』にもあるように、日本人は、他の8つのグループとは一線を画し、独特の価値観をDNAに刻み付けてきたと感じてきました。それは自分たちが他より優れているという選民思想ではなく、歴史の中で自然と身に付けてきた特徴かもしれません。

悠久の大きな和を尊び、相互扶助を頼み、海外から持ち込まれるさまざまな文化や技術を取り込んでは、洗練、昇華させてきた日本人。勤勉実直を旨としながら、過度に自己主張しない自制心。将来に向けうまく折り合いを付けていく柔軟性。そういった日本人の特性が国際社会でも重宝がられる場面に、私自身、数多く遭遇してきました。

今までの拡大成長路線を見直し、社会が持続可能になるよう、今こそ私たちの資質を最大限に生かして地球の未来作りに貢献したいと思います。私たちは、自らの手で歴史を書き綴っていくべきです。

まとめ

・今ならまだ未来を変えることができる。

あとがき

「注意一秒、怪我一生」「転ばぬ先の杖」……いろいろな諺があります。どれも珠玉の言葉ですが、なかなか行動に移せないのが人間の性と思います。しかし、本当に手遅れになるとまずいと思う時には、止むにやまれず、行動を起こすことがあります。この本を書き始めた気持ちは、そうした焦燥感のように思います。

起草する中、ロシアがソ連時代の兄弟国ウクライナに軍事侵攻し、残虐な破壊や殺戮を始めました。多くの戦争は、可能性は考えてもまさか本当に開戦には至らないだろう、と思っている矢先に勃発しています。この戦争がＮＡＴＯ諸国や他地域を巻き込んで拡大しないことを、心の底から願います。

私たちは恐怖に支配され、理性を欠いた状態で大きな決断をすることは望みません。自らの手で描いた理想の社会像を持ち、賛同を集め、毎日地道に歩み続ける勇気と忍耐が必要です。

環境保護やサステナビリティの話は、あまりに壮大で、自分との直接的な関係や接点は感じにくいものです。国連や政府、ＮＧＯに任せるしかないと考える人が多いのも分かります。

しかし、自分ができる小さな行動を続けていれば、同じような意識を持つ「清らかな人」に多く出会えるのも事実です。そうした人が集まり、声を上げ、解決に結びつく行動を起こすうちに社会は少しずつ変容していくと思っています。

本質的に「よりよい社会」を求める人は多く、「安心して暮らせる、住みよい社会」を実現するために貢献したい人は多いということを、NGOに移ってから感じてきました。そうした人々と共に一隅を照らすことが重要だと感じています。

世界中でサステナビリティへの行動が広がる中、創意工夫が新しいビジネスを生み、若い人の挑戦機会が増えています。サステナビリティという観点では、従来の数の競争での成功者ではないリーダーが求められているからかもしれません。この本を手にした方が、自分も参加してサステナブルな社会を作りたいと思って頂けたら最高の幸せです。

本書の出版に向けては、大川朋子様、奥山典幸様、海老沼邦明様、嶋屋佐知子様のご支援の下、㈱大学教育出版社の佐藤守社長のご指導により、大変スムーズに上梓できることとなりました。日本ノハム協会の神田尚子代表理事の一貫した理解と応援、そして職場の仲間たちの配慮や意見交換がなければ、とうてい出版には至らなかったはずです。こうしたご縁に恵まれたことを名誉と思い、ここに感謝申し上げます。

そして、長年さまざまな国や地域での暮らしを共にしてくれた家族にも、あらためてありがとうの言葉を伝えたく思います。

サステナブルな社会にとって、最大の脅威は「将来への無関心」です。頂いた命を大切に精一杯生き、生き物たちの小さな悲鳴に耳を傾ける優しさを大切にして頂きたいと願います。

２０２２年　晩秋

筒井隆司

主な参考文献

サステナブルビジネスマガジン『オルタナ』第58号、60号、65号 （株）オルタナ
『新ビジョン２０５０』小宮山宏・山田興一共著、日経ＢＰ社
『ＥＳＧ思考』夫馬賢治著、講談社
『Ｑ＆Ａ　ＳＤＧｓ経営』笹谷秀光著、日経ＢＰ
『ＳＤＧｓが問いかける経営の未来』モニターデロイト編、日本経済新聞出版社
『地球温暖化は解決できるのか』小西雅子著、岩波書店
『ＳＤＧｓと日本』高須幸雄編著、ＮＰＯ法人「人間の安全保障フォーラム」編、明石書店
『ステークホルダー資本主義』足達英一郎著、集英社

参考ホームページ

Ｖ－Ｄｅｍ Ｉｎｓｔｉｔｕｔｅ：　https://www.v-dem.net/static/website/files/dr/dr_2021.pdf
ＷＷＦジャパン　資料室：　https://www.wwfor.jp/activities/lib/
サステナブル・ブランド・ジャパン：　https://www.sustainablebrands.jp/
オルタナ：　https://www.alterna.co.jp/
アミタ：　https://www.amita-oshiete.jp/

Ideas for good： https://ideasforgood.jp/
経団連 Society 5.0 for SDGs： https://www.keidanren.or.jp/policy/society5.0.html
内閣府地方創生ＳＤＧｓ官民連携プラットフォーム： https://future-city.go.jp/platform/
経済産業省ホームページＳＤＧｓ関連情報： https://www.meti.go.jp/policy/trade_policy/sdgs/index.html
外務省ホームページ ＳＤＧｓ関連情報： https://www.mofa.go.jp/mofaj/gaiko/oda/sdgs/index.html
環境省ホームページ ＳＤＧｓ関連情報： https://www.env.go.jp/earth/sdgs/index.html
水産庁「世界の漁業・養殖業生産量の推移」：
　https://www.jfa.maff.go.jp/j/kikaku/wpaper/h29_h/trend/1/t1_2_3_1.html
ＵＮＦＰＡ ＴＯＫＹＯ：
　https://tokyo.unfpa.org/ja/resources/% E8% B3% 87% E6% 96% 99% E3% 83% BB% E7% B5% B1% E8% A8% 88

■著者紹介

筒井　隆司（つつい　りゅうじ）

1982年ソニー株式会社に入社し海外営業本部を中心に33年間勤務。中近東、カナダ、ロシア、欧州、ブラジルと通算22年にわたり海外駐在員として現地法人の社長等を経験。

本社で政策渉外部門の統括職を最後に、2015年、世界最大規模の国際環境NGO・WWF（世界自然保護基金）に転職し、WWFジャパンの事務局長やアジア代表に就任。グローバル経営委員としてグローバル企業との連携を推進し、国際環境問題の解決に取り組んだ。

2020年秋から企業のサステナブル経営を支援する一般社団法人日本ノハム協会の専務理事に就任、現在に至る。

■編　集：株式会社マーベリック（大川朋子・奥山典幸・嶋屋佐知子・海老沼邦明）

2040年からの提言

―SDGsネイティブの作る未来―

2023年1月20日　初版第1刷発行

■著　　者――筒井隆司
■発 行 者――佐藤　守
■発 行 所――株式会社 大学教育出版
〒700-0953　岡山市南区西市855-4
電話（086）244-1268　FAX（086）246-0294
■印刷製本――モリモト印刷㈱

ISBN978－4－86692－238－6